AF192721

LAURA
Otto Preminger

RETRATO DE UNA OBSESIÓN
RICARDO LUIS RODRÍGUEZ JIMÉNEZ

Colección Telemark

Providence
ediciones

Telemark
Colección dirigida por Nacho Cagiga Gimeno.
Diseño y maquetación: Fran Korqzak.
@ del texto Ricardo Luis Rodríguez Jiménez.
Foto de portada: Fotograma de *Laura*.
@ de las imágenes: los propietarios del copyright.
Queda prohibida la reproducción total o parcial de esta obra,
por cualquier medio o procedimiento, sin previo aviso a los
titulares del copyright.
Copyright de la presente edición:
Providence Ediciones.
ISBN: 978-84-129085-1-0
DEPÓSITO LEGAL: M-21702-2024
Impreso en Safekat S.L., Madrid.

*Para Manuel Rodríguez Machado, mi
querido amigo y gran cinéfilo.
IN MEMORIAM*

ÍNDICE

Prólogo

Ruben Benítez

En un pequeño artículo titulado «Doble sesión de cine», escrito hace ya algunos años, comenté las peculiaridades que hermanaban dos películas muy conocidas por los espectadores, *Laura* (Otto Preminger, 1944) y *Psicosis* (*Psycho*, Alfred Hitchcock, 1960).

La primera característica común de ambas películas es que tratan historias truncadas de amor: la de Norman Bates y Marion Crane, en *Psicosis*, y la de Laura y Waldo Lydecker, en *Laura*. Pensándolo mejor, más que de historias truncadas de amor, sería más apropiado hablar de historias de deseo irrealizado con final trágico. Las dos películas comparten la masculinidad tóxica de dos protagonistas, que prefieren acabar con su objeto de deseo (Laura Hunt/Marion Crane) ante la imposibilidad de poseerlo.

Decimos «objeto de deseo» e «imposibilidad de poseerlo», porque posiblemente ni Norman Bates ni Waldo Lydecker consideran a las mujeres que desean como sujetos, sino más bien como meros «objetos». En la película de Preminger, Waldo llega a decir que Laura es una «creación» suya, la «objetualiza» afirmando que existe una Laura antes y otra después de conocerlo a él.

En el caso de la película de Hitchcock, nos queda la duda de cómo concebía Norman a Marion Crane debido a su trastorno de personalidad (¿es él o su madre el/la que comete los crímenes?), si como sujeto o como un mero objeto, pero si tenemos en cuenta la manera en que la espía por el agujero de la pared cuando Marion se ducha, violando su intimidad de forma sibilina, se puede deducir que no le tiene mucha consideración ni respeto. Lo que sucede después de ese espionaje furtivo, ha sido suficientemente tratado en innumerables ensayos cinematográficos, así que mejor ni mencionarlo.

Finalmente, la tercera y última característica, es la genialidad de ambos directores, Hitchcock y Preminger, para acometer un giro de guion tan drástico, haciendo «desaparecer» y «aparecer» a sus protagonistas femeninas en mitad del metraje, un acontecimiento insólito que tiene como consecuencia un desarrollo posterior de la película que muy poco tiene que ver con lo que se ha visto anteriormente. En *Psicosis*, lo que empieza siendo un anodino robo sin demasiadas pretensiones (Marion se arrepiente del robo y decide devolver el dinero cuando ¡abandone el motel!) acaba convirtiéndose en un truculento asesinato. En *Laura*, cuando todos damos a la protagonista por muerta y nos preparamos para acompañar la labor detectivesca de encontrar a su asesino, de repente, para sorpresa de propios y extraños, aparece la protagonista y la trama gira hacia otros derroteros insospechados.

Aquel pequeño artículo nunca tuvo más exigencia que dar cuenta, precisamente, de una sesión doméstica de dos colosos que merecen ser revisitados de vez en cuando, aunque solo sea para recordarnos el viejo aroma que emanan los clásicos. En ningún momento fue concebido como un ejercicio de «filmografía comparada», aunque lo fuese en su esencia, y mucho menos como un texto seminal, acaso con virtudes proféticas, de lo que después se ha convertido en la trayectoria ensayística de Ricardo L. Rodríguez Jiménez.

Era un texto de «filmografía comparada» porque, de manera espontánea e intuitiva, ya ponía de manifiesto lo más relevante de este método: el juego comparativo entre películas, directores, argumentos, actores, escenarios o cualquier otro elemento que pertenezca al ámbito cinematográfico, bien por relaciones de afinidad o de disparidad.

En aquel caso, se trataba de una diferencia entre dos películas convertida en una oposición flagrante: la aparición/desaparición de la protagonista principal, que daba como resultado una película completamente diferente, una genialidad únicamente a la altura de Hitchcock o Preminger, consumados maestros a los que la innovación les gustaba casi tanto como el riesgo. Piénsese, por ejemplo, si hoy sería posible rodar películas como *Vértigo* (*De entre los muertos*) (*Vertigo*, Alfred Hitchcock, 1958) o *Anatomía de un asesinato* (*Anatomy of a Murder*, Otto Preminger, 1959), por mencionar solo dos ejemplos singulares. El experimento podía haber tenido consecuencias catastróficas, pero lo cierto es que ambos directores convirtieron su audacia en precedente.

En cuanto a la trayectoria de Ricardo L. Rodríguez Jiménez, basta tan solo señalar dos aspectos que no pasarán desapercibidos al lector de este libro: su metodología y su enfoque. Respecto a este último, cabría destacar la capacidad de sus textos para elucidar motivos, personajes, situaciones, objetos o cualquier otro elemento de la tradición grecolatina, especialmente de la mitología clásica, en el universo del cine, que se ha convertido en uno de los más importantes exponentes y continuadores de dicha tradición.

Entendidos de esta forma, sus textos constituyen una suerte de «mitocrítica» que enlaza la tradición clásica con lo que el espectador contempla, tanto en las series como en las películas, a veces de manera explícita y notoria, pero casi siempre de manera solapada o encubierta, maquillada por los creadores con habilidad, lo que requiere un esfuerzo hermenéutico del texto fílmico.

El resultado de esta *hermeneusis* es lo que Gadamer denominaba una «fusión de horizontes» entre pasado y presente, de tal forma que ambos se enriquecen mutuamente: el pasado queda «reactualizado» a través de las creaciones presentes, al mismo tiempo que las creaciones presentes quedan «ancladas» a la tradición, es decir, a aquellos elementos culturales que han conseguido sobrevivir a la deriva del tiempo.

En cuanto al método, ya hemos mencionado anteriormente la «filmografía comparada», consistente en relacionar cualquier elemento cinematográfico, tomando este concepto en su sentido más laxo, con cualquier otro con el que le une cierta relación de semejanza o de diferencia.

Buena muestra de ambas características de sus textos, método y enfoque, pudimos encontrarla en su ensayo «La mitología clásica en *Psicosis*. Una aproximación mitocrítica», incluido en el libro colectivo *Psicosis, de Alfred Hitchcock: visiones y versiones* (Pandorado, 2023), en el que no solo analizaba los motivos mitológicos en la película citada, sino que también hacía un repaso muy ilustrativo por la obra del cineasta.

Este ensayo repite la misma operación que el anterior (análisis mitocrítico, ejemplo de «filmografía comparada»), pero tomando como objeto de estudio la película de Preminger, en lugar de *Psicosis*. Su hermenéutica fílmica contribuirá a hacernos disfrutar aún más, si cabe, de *Laura*, ayudándonos a desentrañar las claves interpretativas que articula nuestro presente con el pasado que le precede.

I.El universo mítico del relato

No siempre es necesario conocer la mitología para vivir los grandes temas míticos. Bien lo saben los psicólogos, que descubren las mitologías más bellas en los ensueños o en los sueños de sus pacientes. Porque no solo monstruos pueblan el inconsciente: dioses, diosas, héroes, hadas, también habitan en él, y, por lo demás, los monstruos del inconsciente son también ellos mitológicos, puesto que siguen realizando los mismos papeles que tuvieron en la mitología.
Mircea Eliade, *Imágenes y símbolos*, Editorial Taurus, Madrid, 1955, pp. 13-14.

El terreno del análisis de los mitos corresponde al de un camino sinuoso, lleno de encrucijadas y peligroso de recorrer. Quien ingresa en sus paisajes deberá guiarse por el impulso de descubrir la verdad que subyace bajo nuestras «ficciones narrativas» y quedará obligado a profundizar en las entrañas mismas del relato, hasta que se revelen los mitos primordiales. Lo haremos, porque, como Borges, aceptamos mansamente el «asedio permanente» de los mitos.

Desde las bases en mayor medida realistas de un género como el *film noir* al que se ha adscrito desde siempre, aunque con ciertos matices, *Laura* (1944) de Otto Preminger, trataremos de llegar hasta una visión mito-simbólica reclamada ya por Eugenio Trías en su análisis filosófico de *Vértigo* (*De entre los muertos*).[1] Tal perspectiva, según Trías refiriéndose a la interpretación aplicada por Cabrera Infante al film de Hitchcock, «... añade una fuerza suplementaria a un film en el cual el fondo mítico y legendario del Tristán, de Orfeo y Eurídice y de Pigmalión... están presentes, no se sabe muy bien cómo, en la película: en ello estriba su extraña alquimia».[2] Para responder a la duda del filósofo catalán, nosotros nos reafirmaríamos en la cita de Eliade con que se abre este apartado, en el «asedio de los mitos» de «Los cuatro ciclos» de Borges[3] («Cuatro son las historias. Durante el tiempo que nos queda seguiremos narrándolas, transformadas») y en la idea de Durand, pilar nuclear de toda su teoría mitocrítica,[4] de que en la base de cualquier narración podemos encontrar el mito y de que la lectura profunda de un texto puede invitarnos a su búsqueda.

Pues bien, al igual que Cabrera Infante en *Vértigo*, vamos a explorar en la «alquimia» de *Laura* su trasfondo o sustrato mítico. Esperamos aportar una lectura alternativa, profunda y diferente a las hasta ahora realizadas por los analistas y estudiosos de este

20

film, pero que, en ningún caso, pretende rechazar cualquier otra visión que pueda llevarse a cabo. Al contrario, si conseguimos descubrir para el amable lector una lectura complementaria de *Laura*, nuestro esfuerzo habrá resultado satisfactorio.

La falta de una visión mitocrítica dentro de los estudios dedicados a este film, convertido por sí mismo en un mito de la cinematografía a sus ochenta años de edad, debe ser subsanada lo antes posible. Para nosotros, el estudio mito-simbólico del cine en general y de *Laura* en particular resulta decisivo pues sostenemos, con Durand y otros autores, que los mitos se mantienen patentes o latentes, explícitos o implícitos en el corazón mismo de nuestras narraciones como una necesidad antropológica escondida dentro de las profundidades de la psique humana. «Ciertos aspectos de su contenido, significado y forma de expresión —escribe Marcelino C. Peñuelas sobre el mito— cambian con el tiempo y con el lugar».[5] Figuras como las de Orfeo, Electra, Orestes, Pigmalión, Antígona, Narciso, Edipo, Fedra, Hipólito, Medea, Odiseo y tantas otras han sobrevivido con fortuna en las artes desde el relato mítico tradicional y han sido recreadas en múltiples variantes revelando la fecundidad inagotable del mito, de sus arquetipos, de sus temas, motivos o tópicos. Reflexiona sobre esto Cifuentes Camacho: «no debería sorprendernos que ciertas figuras míticas no solo no hayan caído en el olvido al desaparecer la civilización en la que vieron la luz, sino que podamos verlas aparecer de nuevo, bajo otro disfraz, en creaciones de la imaginación humana de otras épocas y culturas».[6] En efecto, el mito ha encontrado en las artes el terreno para su supervivencia, conservación y evolución. Sus reescrituras y adaptaciones, revestidas con otros ropajes y trasladadas a escenarios modernos y sorprendentes bajo tratamientos novedosos, han cobrado un nuevo interés, porque, de un lado, han permitido esclarecer aspectos del relato mítico referenciado y, de otro, han servido para interpretar con mayor profundidad las diversas capas de sentido de su variante moderna, a veces escondidas o encriptadas.[7] En palabras de Diez del Corral, «de una manera sorprendente y paradójica, el empleo atrevidísimo de los mitos clásicos... les ha dado una dignidad, ha descubierto en ellos un interés actualizable insospechado».[8]

1-Pigmalión

Las adaptaciones del mito de Pigmalión al cine han sobrepasado ya hace tiempo el centenario. Su curso podemos trazarlo desde el film «fundacional» *Pigmalión y Galatea* (*Pygmalion et Galatée*, 1898) de Georges Méliès hasta la recreación de la más moderna Galatea, un software de inteligencia artificial «a medida» llamado «Samantha» para compañía de personas en *Her* (Spike Jonze, 2013); o bien desde las dos adaptaciones homónimas al cine de la obra teatral *Pigmalión* de Bernard Shaw (*Pygmalion*, 1913), la de Erich Engel (1935) y la de Anthony Asquith (1938) a la versión musical de George Cukor (*My Fair Lady*, 1964). Las variaciones del mito original, recreaciones, inversiones o subversiones han sido plasmadas en el celuloide con mayor o menor grado de referencialidad en *Vértigo (De entre los muertos)*,[9] *Los ojos sin rostro* (*Les yeux sans visage*, Georges Franju, 1960), *El coleccionista* (*The Collector*, William Wyler, 1965) *La residencia* (Narciso Ibáñez Serrador, 1969), *La bestia ciega* (*Môjû*, Yasuzô Masumura, 1969), *Los depredadores de la noche* (*Les predateurs de la nuit*, Jesús Franco, 1988), *Pretty Woman* (Garry Marshall, 1990) o *La piel que habito* (Pedro Almodóvar, 2011).[10] Incluso pequeñas alusiones tópicas asoman explícitamente en *Si la cosa funciona* (*Whatever Works*, Woody Allen,

24

2009) donde el protagonista afirma que le hubiera gustado convertirse en un «Pigmalión» para su joven amante y compara su figura con la del profesor Henry Higgins de la obra original de Shaw. Otras alusiones más veladas a la actividad creadora del Pigmalión se deslizan en films como *Tristana* (Luis Buñuel, 1970), donde el personaje de Don Lope (Fernando Rey) reprende a su sobrina Tristana (Catherine Deneuve) en estos términos: «Pues así no puedes seguir [con el mismo vestido negro de luto], que da grima verte. ¡Y desde mañana se acabó el luto! Yo me encargo de renovar tu vestuario». En la siguiente secuencia que aparece Tristana, ya «transformada» físicamente por su tío carnal, la joven visita el Hospital de Tavera del brazo de Don Lope, con un elegante vestido marrón y un sombrero de campana blanco *à la mode*. En el claustro del edificio, Don Lope besa por primera vez a Tristana, la sobrina modelada para ese su oscuro objeto de deseo.

Citado casi sin salvedad por todos los autores que han escrito sobre *Laura* en referencia al vínculo entre Waldo (Clifton Webb) y Laura (Gene Tierney), el mito de Pigmalión no ha merecido el suficiente interés ni en el plano descriptivo, ni explicativo, ni mucho menos en el interpretativo.

Según la versión del poeta latino Ovidio[11] un escultor llamado Pigmalión (según otras versiones, rey de Chipre), soltero, solo y ofendido por «los vicios que en abundancia dio la naturaleza a la mente femenina» talla en marfil la figura de una mujer tan hermosa que se enamora de ella. Pigmalión besa, abraza y acaricia la estatua con frecuencia como si el frío marfil tuviera vida. Venus, la diosa del amor, enternecida por la pasión del hombre que le pide casarse con una mujer tan hermosa como su estatua durante una fiesta en honor a la diosa, concede a este su ruego y la estatua cobra vida. Feliz y agradecido a Venus, se casa

Pigmalión con la hermosa mujer y tienen una hija llamada Pafos.

Hemos nombrado ya la presencia de este mito en varios films, trasladado y resemantizado formal, estructural, funcional y narrativamente. Pues bien, la representación del tema mítico del amor pigmalioniano (alguien se enamora de un ser ideal que ha creado) como el desarrollo de un posterior «conflicto»[12] que reside en *Laura*, al resultar invertido su final e invertido del mismo modo el carácter de su protagonista masculino (Waldo Lydecker), se tiñe de aspectos freudianos y se extiende a otros films de la misma época como *Recuerda* (*Spellbound*, Alfred Hitchcock, 1945) o *Gilda* (Charles Vidor, 1946).Y es que, un año después de *Laura*, con la inestimable colaboración de Salvador Dalí, también había revestido de mitología griega Hitchcock a su musa de aquel momento, Ingrid Bergman, en el citado film, dentro de una secuencia eliminada finalmente del montaje definitivo. Nos referimos a aquella donde vemos representado el sueño que evoca John Ballantine (Gregory Peck) ante el doctor Alexander Brulov (Michael Chekhov) y su enamorada, la doctora Constanse Petersen (Ingrid Bergman). En el sueño de Ballantine, la doctora Petersen aparece encarnando a Galatea.[13] Pues, al cabo, ¿no fue Hitchcock una especie de Pigmalión, buscando una actriz para transformarla según su ideal perfecto y enamorándose de ella, una y otra vez, durante toda su carrera? Hithcock-Pigmalión, escultor de Joan Fontaine, Ingrid Bergman, Grace Kelly, Vera Miles, Tippi Hedren, buscando siempre una hermosa Galatea que se escapaba entre los cinceles de sus manos; Hitchcock-Pigmalión, cuya fantasía erótica queda plasmada en su más obsesivo film *Vértigo (De entre los muertos)*, según Cabrera Infante «... el filtro del miedo y del amor, y donde todos los mitos son un mito».[14]

Escena eliminada de *Recuerda* (*Spellbound*, Alfred Hitchcock, 1945)

Para el caso de Otto Preminger, debemos subrayar el hecho de que, antes de realizar *Laura* con Gene Tierney, la actriz neoyorquina ya había sido dirigida como protagonista por directores de la talla de Josef von Sternberg, Henry Hathaway, John Cromwell, Rouben Mamoulian o Ernst Lubitsch, y era la estrella femenina de la 20th Century Fox. No obstante, *Laura* es el hito fílmico por el que Tierney será siempre recordada. Otto Preminger la requirió hasta en otras tres ocasiones posteriores (dos de ellas de nuevo como protagonista).[15] No debe sorprendernos, entonces, que la prensa bautizara como «experimento Pigmalión» el casting realizado por Preminger en la búsqueda de un nuevo rostro femenino para protagonizar *Santa Juana* (*Saint Joan*, 1957) de entre unas tres mil jóvenes —algunas fuentes hablan de dieciochomil chicas—, descubriendo a la debutante Jean Seberg [como lo hizo Hitchcock con Tippi Hedren para *Los pájaros*

(*The Birds, 1963*)], en la que confió también, contra viento y marea de la crítica, el papel protagonista de su siguiente trabajo, *Buenos días, tristeza* (*Bonjour tristesse*, 1958), «esculpiéndola», convirtiéndola así en una de las musas de la *nouvelle vague* francesa. Cuando los arquetipos mitológicos funcionan también como modelos humanos de conducta, encontramos que algunos directores atesoran algo de la figura de Pigmalión en la tarea de modelar a sus actrices preferidas desde el marfil hasta la carne. En definitiva, la casualidad ha querido que obtengamos la esencia del mito de Pigmalión, tanto en *Laura* como en *Recuerda*, precisamente a través de dos secuencias eliminadas del montaje original. En el caso de la obra de Hitchcock, no se ha conservado el metraje fílmico correspondiente pero sí lo han hecho algunas imágenes fotográficas de tal secuencia; en el caso de *Laura*, se ha recuperado por fortuna dicha secuencia en los últimos montajes comerciales del film.

Waldo Lydecker cuenta al detective Mark McPherson (Dana Andrews) la historia de cómo conoció a Laura Hunt y de la relación de ambos hasta la muerte de la joven. Cierto día a la hora del almuerzo el periodista se ve interrumpido por una muchachita de diecisiete años en el restaurante del Hotel Algonquin. La joven le solicita que avale una pluma estilográfica para una importante campaña publicitaria, lo que supondría un gran reconocimiento para ella en su carrera laboral, pero él se niega. Ante las insistencias de la muchacha, Waldo le contesta de manera desconsiderada. Esto provoca la marcha de Laura decepcionada con Waldo, a quien creía una buena persona. No obstante, el periodista queda importunado y molesto por las últimas palabras de la joven («Es usted un pobre hombre. Lo siento mucho por usted») y, en ese malestar que parece haber aguijoneado sus sentimientos, nace en él un deseo de volver a verla y de hablar con ella, porque «había "algo" en esa chica». Waldo ha encontrado la materia prima perfecta para su obra magna: el mejor marfil con el que tallar su obra definitiva (quién sabe si no se trata de una empresa que ya ha abordado antes con otras mujeres, resultando fracasados sus esfuerzos). Laura es muy joven, casi una niña, inocente, pura; material perfecto para moldear según el mejor sentido del artista. Y así, comienza la tarea de este moderno Pigmalión: va a buscarla a su trabajo, le pide disculpas, avala su campaña publicitaria y obtiene una cita con la joven. La creación pigmalioniana de Laura comienza y, con ella, despega su carrera laboral gracias no solo a las influencias e impulso de Waldo, sino también, y es lo más importante, al propio talento e inteligencia de la muchacha.

Es necesario incluir ahora un comentario sobre esas escenas añadidas al montaje original en las copias comerciales más modernas del film y que otros analistas no han podido tener en cuenta en sus estudios. Se trata de algunas breves escenas dentro de la amplia secuencia de la «historia de Laura» que narra Waldo a McPherson durante la cena en el restaurante Montagnino. Estas siguen a la descripción del éxito laboral de Laura. Comenzaremos el análisis narrativo con la transcripción de esta parte del relato para entender el alcance que adquiere el oficio del moderno Pigmalión en que se convierte Waldo.

Pero ella se sometió a mi criterio y a mi gusto. Elegí un peinado más atractivo para ella. Le mostré qué vestidos le sentaban mejor. A través de mí, conoció a todo el mundo. A los famosos y a los infames. Su juventud, su belleza, su presencia y encanto de modales cautivaban a todos. Tenía calidez, vitalidad, tenía un auténtico magnetismo. Dondequiera que fuéramos, ella destacaba. Los hombres la admiraban; las mujeres la envidiaban.

Llegó a ser tan conocida como el bastón
de Waldo Lydecker... y como su clavel.

Desde un puesto ejecutivo en la empresa Bullitt & CIA, la muchacha descuella por su inteligencia, su afán por aprender, sus ideas y su capacidad de trabajo. En este proceso, Waldo también va moldeando la educación y formación de Laura descubriéndole su música o leyéndole sus artículos que ella escucha con auténtico fervor. De este modo, plenamente confiada la joven en el criterio y el gusto de su protector, permite que este obre en ella también una transformación física. Laura-Galatea, la obra maestra de Waldo, queda terminada y llega la hora de presentarla en sociedad. El éxito de Laura es fulgurante. Aquí es donde las líneas de guion transcritas adquieren su gran significado pues destacan, por boca de Waldo, narrador de esta historia, no solo la transformación física y la entrada exitosa en la alta sociedad de Nueva York de la joven, sino cómo todo esto se produce porque ella ya posee de manera natural una serie de valores personales nacidos de la bondad de su carácter que, junto con su juventud, su belleza y su magnetismo, «cautivaban a todos». En lo que toca a Waldo, el guion se refiere a él de manera metonímica, pues señala como emblemas representativos del periodista dos objetos que siempre le acompañan: el bastón y el clavel blanco prendido en el ojal de su chaqueta. Al relacionar la popularidad social de Laura con estos dos objetos se identifica a la joven como el sostén, la ayuda para caminar de su protector, y también como el adorno de su atuendo que le otorga realce. Laura es «hija» de Waldo, como su creación, y también «compañera» de este desde que ha asumido su nueva vida. Es esta parte rescatada del film en donde vemos especialmente de manera sincera —y más cantidad de veces— la sonrisa y felicidad de Waldo, satisfecho, orgulloso de Laura cuando asiste con ella a fiestas o actos sociales y enamorado de «su obra».

En primer lugar, en los momentos iniciales de este segmento narrativo, enmarcado a la derecha en un plano americano, aparece Waldo de pie. Entre él y un peluquero, Laura se encuentra sentada en una silla, sonriendo mientras su protector dicta instrucciones para el arreglo del pelo de la muchacha. El siguiente plano nos muestra a Laura mostrándose ante Waldo con un vestido de alta costura, mientras este, sentado y de espaldas se levanta y camina hacia la joven. Son imágenes que nos recuerdan extraordinariamente a las de Scottie (James Stewart) transformando a Judie (Kim Novak) en la ya citada *Vértigo*.

El Pigmalión ha terminado la obra con esmero, sin embargo, no esperaba que su estatua, su creación, emprendiera un camino por sí misma con la nueva vida insuflada, que se independizara y reclamara la autonomía personal y afectiva al margen de su creador. Se introduce, entonces, la divergencia con el relato mítico originario y entra en juego el especial «conflicto pigmalioniano» de esta nueva variante del mito. Laura se le escapa entonces a Waldo de entre sus cinceles de escultor para construir su propia vida, y el artista no acierta a comprender la razón por la que no ha obtenido los dones de Venus, cuando ha puesto todo su amor al servicio de su obra. Así pues, el «conflicto pigmalioniano» reside en la imposibilidad de Laura por amar a Waldo, en el camino de liberación activa tomado por la joven al margen de su protector y en su negativa a aceptar pasivamente un destino modelado para ella por un hombre que la obliga a revertir con exclusividad en él, que, amándola, quiere además poseerla. ¿Acaso no hemos contemplado con claridad el momento en que Laura, por un requerimiento infantil de Waldo, tiene que abandonar una conversación con un hombre por el que se siente atraída (Shelby) en la fiesta de su tía Anne Treadwell (Judith Anderson)? Waldo no aguantará más tiempo en esa fiesta de «imbéciles», según su propio decir, pero Laura no parece estar pasándolo mal con Shelby Carpenter (Vincent Price) y su charla con este fatuo mujeriego es animada, e incluso divertida. El periodista considera a Laura su posesión. El ideal de Waldo es que ella acompase, sincronice, sus ritmos al de él. Cuando encañona a la muchacha en el culmen del film con el propósito decidido de asesinarla, es así como extrae de sus entrañas la expresión de sus sentimientos:

La mejor parte de mí: eso es lo que eres tú. ¿Crees que voy a dejarlo para el vulgar manoseo de un detective de segunda clase que piensa que eres una «tía»? ¿Crees que podría soportar la idea de que te tenga en sus brazos, besándote, amándote? Él nos encontrará juntos, Laura, como siempre hemos estado, como siempre debería ser, como siempre será.

Pero a otros también les alcanza un cierto «pigmalionismo». En Waldo se cumple otra modalidad del creador que correspondería a un auto-Pigmalión; el sujeto-agente se convierte en objeto propio de la acción para sí mismo. De este modo, esculpida la Galatea-Laura por el Pigmalión-Waldo, se impone en este un fuerte sentimiento de hacerse el hombre ideal que la mujer creada espera para ella. En Nueva York, en los años cuarenta del siglo veinte, las divinidades del Olimpo griego ya no tienen cabida. Así, Waldo-Pigmalión no puede invocar a Venus, aunque el anhelo final del moderno escultor siga siendo, por el medio que sea, el mismo que el de su referente mitológico: conseguir el amor de su creación hacía él. Esto lo explica el periodista con claridad en su primera entrevista con McPherson cuando le asegura que Laura lo consideraba, además de sabio, ingenioso e interesante, «el hombre más amable, gentil y simpático del mundo». Es, sin embargo, la bondad de Laura la que proyecta en Waldo unas virtudes que, evidentemente, este no posee. El periodista afirma frente a McPherson que, siendo así el pensar de Laura, «... intenté convertirme en el hombre más amable, más gentil y más simpático del mundo». Estos fueron sus esfuerzos para agradar a la muchacha: Waldo intenta, a su vez, modelarse a sí mismo al gusto de la mujer que ha creado, para que esta se enamore de él.

Por otra parte, a McPherson le corresponde una nueva variante del pigmalionismo. El detective, tras ser asignado al caso del asesinato de la joven, se esfuerza en comprender cómo era ella y las posibles motivaciones hacia el crimen de las personas con las que se relacionaba habitualmente: Waldo, su prometido Shelby, su tía Anne, Bessie (Dorothy Adams), la empleada de su casa, e incluso la modelo Diane Redfern. La idea de que Laura suscitaba el cariño y el amor de quienes la conocían es introducida por Anne Treadwell en su conversación con McPherson. La tía de Laura usa en dos frases casi consecutivas sendos verbos en inglés sinónimos para «adorar» («*adore*» y «*worship*»). Declara que tanto ella como Bessie adoraban a Laura, algo que le quedará claro después a McPherson cuando interrogue a Bessie. El detective va construyendo, entonces, una imagen propia de Laura, también idealizada, a través del testimonio de los investigados y de sus pesquisas en el apartamento de la muchacha, especialmente de la lectura de las cartas y el diario de la víctima. A esas alturas, McPherson conoce en conjunto lo que nunca nadie supo de Laura (debemos entender que Waldo, por ejemplo, jamás ha contado a nadie su historia personal con la joven, excepto al detective, en una especie de confesión sentimental voluntaria durante la cena de ambos en el restaurante Montagnino) y, aunque el tosco policía no conoció personalmente en vida a tan cautivadora, bondadosa y adorable mujer, él también, ahora ya en el rol de otro Pigmalión, crea a su Galatea: una estatua sin materia, imagen mental de la mujer idealizada que ha modelado en su imaginación con retazos variados. Desde su retrato sobre la chimenea del salón, los ojos de Laura proyectan una mirada dulce y lánguida. La memoria del lienzo permanece como testigo silencioso de una vida truncada por un asesinato. McPherson repite en varias ocasiones que busca la verdad pero, en ese proceso, lo que termina descubriendo el detective es su propio sentimiento: se ha enamorado de manera imposible de una mujer muerta.

2.-Apolo y Dafne. La mujer diosa y la diosa mujer

A partir del momento de la emancipación de la heroína, Laura Hunt se convierte en una «ninfa salvaje de los bosques», una diosa libre. Pero el Pigmalión invertido, Waldo, ese que, pese a sus esfuerzos, no ha sido considerado por la divinidad digno de obtener el amor de la mujer creada y moldeada por su propia mano, cambia de máscara. Ya hemos visto al inicio del film su muestrario en una de las paredes de su casa, y alguna de esas máscaras parece aterradora. El periodista enmascarado comienza una persecución de Laura, al modo de un Apolo, dios de las artes, enamorado de la ninfa Dafne, según el relato más conocido de esta fábula mítica.[16] Porque Laura, al independizarse de Waldo, ha cambiado y ya no es la Galatea que se sometía mansamente al criterio y al gusto de su creador, la que escuchaba arrobada las lecciones de su protector y acompañaba a este a todas partes. Ella ha tomado poder por sí misma y ahora se presenta como una Dafne, libre en los bosques. La muchacha deja de asistir a las cenas de los martes y los viernes en el apartamento de Waldo y comienza a relacionarse con otros hombres. El momento en que esto sucede coincide, temporalmente, con la composición de su retrato que un artista llamado Jacoby pinta. Laura, esculpida desde el frío marfil por Pigmalión-Waldo, posa ahora segura de sí misma para otro artista, ya confiada en todas sus posibilidades como mujer fuerte y emprendedora. El paso de la imagen de Laura al lienzo la consolida como mujer capaz de suscitar el afán estético de plasmación de un artista y el deseo erótico de un hombre, pero más aun como diosa con imagen artística propia para su templo. Jacoby, el pintor, se enamora de Laura, y Waldo, antes Pigmalión, ahora Apolo, comienza el acoso hacia la divinal ninfa Laura-Dafne por el en-

46

marañado bosque de las relaciones amorosas, apartando del camino las ramas que le molestan en su carrera. Jacoby se convierte en la primera de esas «ramas molestas» para Waldo, siendo «tronchado» con facilidad mediante una crítica destructiva que el periodista publica sobre el trabajo del pintor. «Lo hice por ella -dice Waldo a McPherson-, sabiendo que Jacoby no era digno de Laura. Fue una obra maestra [se refiere a su artículo contra el trabajo de Jacoby] porque fue un acto de amor. Naturalmente, ella nunca más volvió a considerarlo en serio». Y así, Laura, aunque acaba de emprender los primeros pasos de su emancipación de Waldo, parece quedar envuelta de nuevo en las redes de este, que sigue a la espera de que la joven se enamore de él. La victoria sobre Jacoby ha sido un episodio fugaz, una breve escaramuza, porque Laura ya no es Galatea niña, sino Dafne, mujer-diosa con fuerza y personalidad propias más allá de su creador. Waldo debería haber advertido la metamorfosis de su Galatea. Tras apartar a Jacoby, Laura y Waldo asisten juntos a una fiesta celebrada por Anne Treadwell, la tía de Laura. Pues bien, ¿no es cierto que ya Laura se nos presenta aquí con el atuendo digno de una diosa olímpica? Vestido blanco largo ceñido a su cuerpo hasta los tobillos. Brazos desnudos. Discreto escote que deja caer sobre su busto unos pliegues de tela. Parte alta de la espalda ligeramente abierta. También unos pliegues de tela unidos en el centro se recogen sobre sus caderas. Una iconografía moderna que nos recuerda mucho a las escultóricas diosas antiguas. En fin, su vestido evoca los tocados de las diosas grecorromanas. Laura se asemeja sin duda a las figuras divinas de la estatuaria clásica. El blanco puro y virginal, al modo de Atenea o de Ártemis, la sensualidad de Afrodita, la discreción y la mesura de Metis, la generosidad de Deméter, todo ello se resume en esta imagen de Laura como una diosa olímpica. Las mismas fotografías promocionales del film nos muestran a Gene Tierney con este vestido al que nos referimos posando al modo de una estatua divina, al igual que era costumbre en Hollywood con sus rutilantes y hermosas «diosas» del celuloide. La comparación con otras actrices no deja lugar a dudas de cómo se concibe en el Hollywood clásico a la mujer como diosa blanca y estatuaria. Y así, por ejemplo, se nos presenta a Alicia Huberman (Ingrid Bergman) llegando a casa de su prometido Alexander Sebastian (Claude Rains) en el film *Encadenados* (*Notorious*, 1946) de Alfred Hitchcock. Del mismo modo, se hace posar a Ingrid Bergman con su vestido blanco de corte clásico junto a la estatua de la diosa romana Pudicitia (que simboliza a la esposa fiel y recatada, modelo y virtud de las bondades conyugales). La sublimación de la mujer como diosa adquiere su culmen cuando, a la inversa, la diosa se hace mujer, pero como tal conserva su esencia divina primordial. Y no hace esto una divinidad cualquiera, sino que la propia figura de Afrodita-Venus (Ava Gardner), diosa del amor, se encarna físicamente enternecida por el enamoramiento de un operario sencillo, cuyo beso de amor verdadero a una estatua valiosísima de la diosa obra el milagro de la humanización de la divinidad en mujer de carne y hueso, sin dejar por ello de ser diosa, en el film *Venus era mujer* (*One Touch of Venus*, 1948, William A. Seiter).

Venus era mujer (1948, William A. Seiter)

Admirada por los hombres, envidiada por las mujeres, querida por sus amigos, venerada por sus allegados (por Bessie, verbigracia, la empleada de su casa), Laura ya tiene retrato propio; Laura ya es como una diosa. Pero Apolo-Waldo no se da fácilmente por vencido y aunque consigue con una artimaña de niño malcriado apartar a Laura de Shelby en el momento en que ambos empiezan a intimar («Laura, querida, ya no soporto más tiempo a estos imbéciles. Si no te vienes conmigo ahora mismo, me volveré loco»), la bondadosa Laura ya ha ofrecido un trabajo al *play-boy* oportunista e interesado que le garantiza a este la cercanía con Laura diariamente. Shelby consigue conquistar a su divinidad benefactora y esta se escapa una vez más del seguimiento insistente de Apolo-Waldo. ¿Acaso no podemos considerar el seguimiento de Waldo a Laura una auténtica «persecución», si incluso cuando ella y Shelby se prometen mientras bailan en un

51

restaurante allí está Waldo escondido muy cerca de ellos, acechándolos? Con todo, el periodista no abandona la carrera en pos de su Dafne. Una vez más, Waldo conseguirá apartar de su camino a Shelby, aunque el hacerlo le ha supuesto un esfuerzo mucho mayor que el realizado con Jacoby. Otro acto de amor en esa persecución que ha emprendido Apolo-Waldo tras Dafne-Laura.

Esta reescritura del relato mítico de Apolo y Dafne encuentra el mayor punto de convergencia en el resultado final de la historia: Apolo pierde a Dafne; Waldo pierde a Laura. Se trata del motivo del amor no correspondido y de la pérdida del ser amado. En la mitología es la intervención del río Peneo, padre de Dafne, respondiendo a los ruegos de su hija, quien obra la metamorfosis de la muchacha en un árbol, el laurel. El dios enamorado llora la pérdida de Dafne y trenza una corona con las ramas del árbol que una vez fue la muchacha de la que se prendó, otorgándole a ese emblema el sentido simbólico de la victoria. Ahora, y por más que Vera Caspary no reconociera voluntad alguna en dotar de simbolismo al nombre de la protagonista de su novela, hay que explicar que el nombre propio «Laura» procede del latín, de la forma femenina en acusativo singular, *laureatam*, del adjetivo *laureatus-laureata-laureatum*, que significa «coronado/a de laurel» y que toma el sentido de «vencedor/a, victorioso/a, triunfador/a». El recorrido de tal forma a través de varias leyes de evolución fonética ha dado el nombre «Laura», «la triunfadora». En efecto, no solo la Laura del film se convierte en una mujer victoriosa, triunfadora en el mundo laboral y social, sino también en triunfadora de la muerte que hasta en dos ocasiones en el plazo de unos pocos días ha acudido a su encuentro en la forma de Waldo empuñando una escopeta de cartuchos. Por último, la joven triunfa en el amor por sí misma, al encontrar finalmente en el detec-

53

tive McPherson al hombre que la ha esperado y amado de verdad.

Waldo Lydecker representa el papel de Pigmalión y Apolo en términos similares. Es el personaje invertido, opuesto a sus dos referentes míticos: ni alcanza la ansiada recompensa divina como el piadoso escultor, ni, como el triste Apolo, honra con dones el recuerdo de la perdida ninfa Dafne adoptando para sí mismo la corona de hojas de laurel que siempre adornará su cabello desde entonces. El amor de Waldo significa posesión, exclusividad, y es destructivo por su parte si no se cumple su monopolio sobre el ser amado. Como los demás personajes implicados presuntamente en el asesinato de Laura conocerá que ella está viva y que la mujer a la que asesinó es Diane Redfern, una modelo de Bullitt & CIA, físicamente parecida a Laura. Tras reponerse del impacto que le produce el reencuentro con Laura, este Apolo invertido reanuda su carrera tras la muchacha pero ahora se encuentra con otra «rama» más difícil de salvar que las anteriores (Jacoby y Shelby) y que le impide su persecución por el bosque de la mujer que ama: se trata del detective Mark McPherson, asignado al caso del crimen. A este hombre, que detenta la instancia de la ley, no será tan fácil apartarlo del camino, aunque Waldo lo intenta, desacreditándolo siempre que puede ante Laura por lo poco que sabe de él. Apolo-Waldo no cuenta con que Laura-Dafne, en la reescritura del mito que aquí se nos presenta, se ha enamorado de este hombre y la mujer diosa, puesto que ya tiene poder suficiente para hacerlo, no solo impide que Waldo la devuelva a su esfera de influencia, es decir, ya no le permite a su antiguo mentor que la trate como a Galatea, sino que tampoco la trate como a Dafne, rompiendo definitivamente su vínculo con él. Pero, ya lo hemos dicho, si este Pigmalión o Apolo invertido no puede conseguir el amor de su Galatea o de su Dafne, entonces la destruirá. La carrera tras Laura se torna ahora en una persecución mortífera. La muchacha consigue escapar de nuevo de Waldo en el momento en que va a disparar sobre ella y, encuentra en su huida, si no el concurso del padre de Dafne, el dios-río Peneo, sí el de su nuevo protector, el hombre que la ama y al que ella corresponde. Uno de los compañeros de este dispara contra Waldo y acaba con él para siempre. La historia de Apolo y Dafne conoce en *Laura* una variante con final feliz.

3.-Orfeo y Eurídice. Descenso al infierno
No es posible dar por finalizado un análisis del fondo o cimiento mito-simbólico en *Laura* sin acudir a otro relato inmortal de la mitología griega, de tan amplia influencia que ha sido recreado cientos de veces en su recepción moderna a través de muchas y diferentes variantes o modificaciones, tanto en la litera-

tura como en el cine y, en general, en todas las artes: el mito de Orfeo y Eurídice. Porque, en rigor, hay que observar que el relato ovidiano del escultor Pigmalión (rey de Chipre según otras versiones), del que antes nos hemos ocupado, se inserta contextualmente en las historias que, según el poeta romano, narraba Orfeo tras la pérdida de su amada Eurídice, con lo que, muy apropiadamente, al igual que en las *Metamorfosis* de Ovidio, ambas historias mitológicas, la de Orfeo-Eurídice y la de Pigmalión y su estatua que cobra vida, se dan la mano y se complementan en *Laura*. De este modo, debemos volver al comienzo, valorar la idea de Cabrera Infante citada antes e incluso preguntarnos si tal idea puede ser aplicada a *Laura* de Otto Preminger, esto es: «*Vértigo* es el filtro del miedo y del amor, y donde todos los mitos son solo un mito». Como le dijo en cierta ocasión Gilbert Durand a Vittorio de Sica en referencia con su film *Ladrón de bicicletas* (*Ladri di biciclette*,

1948),[17] Orfeo es Orfeo incluso en el caso de que Eurídice se convierta ¡en una bicicleta! Al cabo, un mito, además de su enunciado original, comprende también la antología de sus lecturas y de cuantas variantes y diferentes representaciones artísticas existen de él.

El motivo mítico de la *katábasis* o *descensus ad inferos* (descenso al infierno) lo encontramos recreado en diferentes fábulas de la mitología clásica: Odiseo desciende al infierno para consultar al adivino Tiresias por el modo de regresar a Ítaca; Teseo y Pirítoo intentan secuestrar a Perséfone, la reina del inframundo, y devolverla a su madre Deméter; Hércules rescata del Hades a Alcestis y a su primo Teseo; Eneas busca a su padre para saber a dónde debe dirigirse en su periplo marino; la doncella Psique, por orden de la diosa Venus, ha de obtener el frasco de agua de Juvencia; y, especialmente, el liróforo Orfeo encara la peligrosa tarea de internarse en el mundo de los muertos para rescatar a Eurídice, su amada muerta. La catábasis moderna se disfraza, se adapta a cada nuevo contexto cultural en el que surge y recrea una bajada a los abismos de infiernos de nuestro mundo, de nuestra sociedad o incluso de nuestra propia mente. También en el cine, como en la mitología clásica, los ejemplos son muy variados. [18] Desde la recreación del relato orfeico de Jean Cocteau en *Orfeo* (*Orphée*, 1950), pasando por la ya mencionada *Vértigo (De entre los muertos)*, hasta recreaciones más cercanas como *Terciopelo azul* (*Blue Velvet*, David Lynch, 1986), *Frenético* (*Frantic*, Roman Polanski, 1988), *Autopista al infierno* (*Highway to Hell*, Ate de Jong, 1990), *Dead Man* (Jim Jamush, 1995), *Más allá de los sueños* (*What Dreams May Come*, Vicent Ward, 1998) o *Hable con ella* (Pedro Almodóvar, 2002).[19]

Así pues, el detective McPherson, cuya figura hemos relacionado antes con Pigmalión, comparece ahora como un trasunto de Orfeo. Al enamorarse de Laura durante la investigación de su asesinato, se obsesiona con ella y tal vez fantasea con la idea de que estuviera viva. Hace una oferta para adquirir el retrato de Laura y establece en el apartamento de la joven su «cuartel general». No olvidemos que allí mismo, en la puerta de entrada de la casa se ha producido el sangriento crimen. Al espectador se le ha ahorrado la realidad de un asesinato que, tal como se ha producido, hubiera teñido suelo, paredes, puertas y objetos de sangre, vísceras, restos de carne, hueso y cabellos provenientes del cráneo de la mujer asesinada por el disparo a bocajarro de una escopeta de cartuchos. Sin embargo, el apartamento de Laura aparece tan pulcro como si nada hubiera sucedido. La decisión del detective de investigar *in situ* muestra cierto halo de un descenso al infierno como una búsqueda de la verdad, primero por imperativo profesional y luego por amor. McPherson recrea el crimen en dos ocasiones. En la primera, frente a Shelby y Waldo, lo hace de esta manera: «Cuando ella abrió la puerta se produjo el disparo. Cayó hacia atrás. Su cuerpo estaba allí». En la segunda, acompañado de Laura, tras encontrar en el compartimento secreto del reloj de péndulo la escopeta de cartuchos con la que se perpetró el asesinato, amplía su relato de este modo:

Sonó el timbre y Diane Redfern fue a la puerta en bata. Abrió la puerta. La habitación estaba a oscuras. Waldo vio a una chica ahí de pie y supuso que eras tú... Entonces, le disparó con ambos cañones justo en la cara. Ella cayó aquí. Waldo escuchó a Shelby corriendo desde la habitación de al lado. Entonces se escondió fuera, en la escalera. Shelby se asustó, así que salió corriendo lo más rápido que pudo. Waldo regresó y colocó el arma en el reloj.

La reconstrucción del asesinato que McPherson lleva a cabo antes de que Laura aparezca es concisa y truculenta. El policía sabe lo que dice: ha visto el cuerpo de la víctima en la morgue y las fotografías del informe policial.

La noche del domingo, bajo una fuerte lluvia (¡en pleno verano!), McPherson regresa solo a casa de Laura. La lluvia y la noche en unión adquieren ahora un aspecto tenebroso, simbolizando la tristeza o el abatimiento (en su isomorfismo con las lágrimas) y la muerte. El desarrollo inicial de esta nueva secuencia, de ambiente netamente gótico, nos recuerda a ciertos relatos de Poe, donde la lluvia es elemento indispensable de una atmósfera sombría o melancólica. La caída del agua violenta, torrencial, se convierte en la expresión del terror mismo. Durand insiste en cómo Bachelard encuentra en Poe que el agua funciona como «superlativamente mortuoria», «doblete sustancial de las tinieblas», «sustancia simbólica de la muerte», «una directa invitación a morir».[20]

McPherson llega al portal del edificio de Laura. Un policía monta guardia allí. En el mito, Orfeo hace dormir a Can Cerbero, el monstruoso perro de tres cabezas que protegía las puertas del infierno, con la música de su lira y consigue así penetrar en la morada de los muertos; en el relato fílmico, el teniente despacha a su compañero diciéndole que se vaya a comer algo. Son los primeros pasos de McPherson-Orfeo dentro del reino de las sombras. En su «descenso», ya dentro del apartamento de Laura, la atmósfera del film se vuelve opresiva y terrorífica. El policía enciende la lámpara del escritorio del despacho. Se sienta entonces en una silla de madera frente a la mesa y extrae de los cajones del escritorio documentos, cartas y el diario de la víctima. Seguramente no nos habremos fijado, pero el respaldo de la silla donde se sienta McPherson ¡es una lira!, como el instrumento emblemático de Orfeo; una alusión iconográfica explícita al liróforo griego. Sus pasos erráticos por la oscuridad del inframundo en el que se ha convertido el apartamento de la joven asesinada lo guían directamente al dormitorio. Entre las sombras, camina hacia la hermosa cama con dosel. De un cajón de la cómoda acaricia un fino pañuelo de seda transparente. Después, toma un frasco de perfume, lo destapa y lo huele. Como si hubiera profanado un objeto sacro lo cierra y lo devuelve a su lugar con rapidez. El Orfeo policial se detiene frente a un gran armario de espejos, abre una de sus puertas y observa los vestidos y los sombreros de Laura. ¿Fantasía sexual, desvaríos delirantes, fetichismo, necrofilia? El espejo de la puerta del armario le devuelve su reflejo: la realidad de los vivos; la de un hombre desesperado. McPherson se contempla unos segundos y se mesa el cabello. Cree estar volviéndose loco en su dolor y abandona la alcoba sin apagar

64

la luz. Estamos presenciando el camino de un hombre atormentado por la figuración de una mujer muerta a la que ama sin haberla conocido. El Orfeo que busca con angustia a su Eurídice se sirve un vaso de licor. Los acordes musicales, que hasta ahora sonaban con tonos de angustia, misterio e incluso terror, cambian, y regresan a la dulzura de las notas del piano de la melodía principal, en el mismo momento en que McPherson se dirige frente al retrato de Laura y se detiene allí contemplando la imagen de la mujer muerta, su «Eurídice». Un rato después, se presenta en el apartamento Waldo que, al modo del adivino Tiresias, le advierte al policía de la inevitable locura que está a punto de apoderarse de él:

McPherson, ¿se le ha ocurrido que está usted actuando de una manera muy extraña?... ¿Ha soñado alguna vez con Laura como su esposa, a su lado, en el baile de la policía, o en las gradas, o escuchando la heroica historia de cómo recibió usted una lluvia de disparos en su pierna durante un tiroteo con un gánster? Ya veo que sí... Será mejor que tenga cuidado, McPherson, o terminará en un pabellón psiquiátrico. No creo que hayan tenido nunca a un paciente que se haya enamorado de un cadáver.

Tras expulsar a Waldo del apartamento de Laura, profundamente afectado por las palabras de este, McPherson sigue descendiendo al infierno en su deseo de rescatar a su amada y de traerla de vuelta junto a él, al mundo de los vivos. La misma joven, tras su reaparición, le dice a Waldo ilusionada que McPherson se alegró cuando la encontró con vida y que pareciera que hubiera estado esperándola allí fielmente. Y así ha sido, pues el detective ha buscado a Laura afligido de entre los recuerdos que quedaban de ella cuando todo el mundo la creía muerta.

Esa noche de lluvia torrencial, McPherson, solo de nuevo tras la marcha de Waldo, bebe varios vasos de licor, pasea de un lado a otro del salón mirando el retrato de Laura y, por último, cae derrotado en un sillón frente a la imagen de su enamorada. El sueño del alcohol y de la desesperación lo vence. De nuevo registramos aquí una variante del mito original. A Orfeo lo traiciona su desconfianza y, al mirar atrás, pierde para siempre a Eurídice. Para McPherson tal vez quedara aún alguna esperanza de recuperar a su amada, aunque fuera en sueños. Algunos minutos después de que el detective se haya quedado dormido, la puerta principal se abre y, mojada por la lluvia nocturna, aparece la Eurídice recuperada del inframundo para su Orfeo. Como recompensa al leal deseo del amante (pero también para todos nosotros, los espectadores) ha vuelto la hermosa Laura.

II.Objetos como sujetos

Careful there! That stuff's priceless.
¡Cuidado! Ese objeto es inestimable.

Esta es la voz de aviso de Waldo Lydecker dirigida desde su baño al detective McPherson, que acaba de abrir una vitrina donde se exponen objetos de cristal y vidrio tomando con su mano izquierda uno de ellos. Se trata de una especie de botellín o frasco de dos cabezas pero un solo cuerpo recipiente, alargado, con estrías transversales y fabricado para ser expuesto horizontalmente, pues carece de base sobre la que levantarlo. No entraremos a proponer la posible identidad de ese objeto que, frente a otros tantos de la colección que alberga la vitrina, tanto le interesa precisamente al detective, por más que sea un misterio el porqué de su curiosidad. ¿Es acaso un frasco para esencia, acorde con los exóticos gustos de Waldo? Su forma, y la de otro colocado algo más hacia dentro de la vitrina, es claramente fálica. La frase de advertencia citada adquiriría entonces un oscuro y retorcido sentido mucho más allá de que el objeto en sí mismo tenga un altísimo valor monetario o resulte ser, por asociación formal, como el falo, algo único para cada uno de sus poseedores. El guion original de Dratler-Lardner Jr.-Hoffenstein-Reinhardt en su versión final del 21 de abril de 1944 no nos despeja la duda, pues solo dice que McPherson toca *«one of the priceless pieces»*. Waldo es un esteta, coleccionista de arte y antigüedades. Lo atestigua muy bien la vista de su salón gracias al trávelin circular casi completo con el que se inicia el film. McPherson pasea por la estancia contemplando la decoración del apartamento «fastuoso» *(«It's lavish»)*, al decir de su dueño. En cualquier caso, el mensaje de las palabras de Waldo transmite una prohibición tajante: «¡No tocar!»; no rebajar aquello que se considera de gran valor, lo único, lo inestimable, al grado de un vulgar objeto por tocamiento grosero de quien no es capaz de apreciarlo en su valor. La gran vitrina de cristal que sirve de continente al repertorio de objetos de cristal (incluso los estantes de ese mueble son del mismo material) ya permite la pulsión escópica del visitante ajeno. El anfitrión, no obstante, prohíbe expresamente el impulso háptico, el sentido táctil (que completa el visual) cuya falta nos deja insatisfechos. «Ver, pero no tocar», es el lema que ha acompañado durante siglos a las más altas obras de arte plásticas. De este mismo modo, Waldo no podrá soportar la idea de que alguien a quien considera como de su propiedad, Laura, pueda terminar en los brazos de otro que no sea él. Sin duda Waldo posee un gran celo sobre sus piezas de decoración y arte.

Sostendremos aquí la tesis de que, en las grandes obras maestras del cine, el uso y emplazamiento de los objetos en algún decorado se determina según una finalidad narrativa y temática primordiales. Por tanto, su contribución a crear una atmósfera espacial mítica, en tanto simbólica, resulta preponderante. Los objetos que aparecen en los distintos escenarios de *Laura*, aquellos con los que sus tres personajes principales son identificados hasta el punto de que se constituyen en un emblema de cada uno de ellos, han sido escasa o nulamente analizados en los estudios sobre este film.

La versión final del guion comienza indicando la vista de un plano general del exterior de la vivienda de Waldo, con la Quinta Avenida de Nueva York totalmente vacía salvo por la llegada de un solo autobús (en correspondencia con la soledad que experimenta Waldo), mientras que lo que observamos en el film es un plano general, resuelto con un trávelin circular, no de un exterior, sino del magnífico salón de la vivienda desde dentro de la misma. Este cambio con respecto al guion nos permite apreciar la voluntad de mostrar un espacio interior y todo cuanto lo conforma. Afirmamos, por tanto, que en *Laura* cada objeto u elemento que figura en cada plano ha sido seleccionado y situado en el lugar exacto, cumpliendo así dentro de un «decorado mítico» una función estética, simbólica y narrativa. La teatralidad de tal *mise en scène* provoca por sí misma, intencional o relacionalmente, el hecho simbólico de los distintos decorados de la acción narrativa. Cada elemento que se nos muestra adquiere sentido alegórico o metafórico allí donde la importancia y el valor de los objetos no radica en su forma sino en su fuerza simbólica. No en vano, en *Laura*, uno de los dos directores artísticos es Lyle R. Wheeler, responsable de otros films en los que consigue transformar en lugares inquietantes y sobrecogedores el interior de tres mansiones: una, de la campiña inglesa, llamada Manderley, en *Rebeca* (*Rebecca*, Alfred Hitchcock, 1940); otra, llamada Dragonwyck, de un valle de los Estados Unidos, en *El castillo de Dragonwyck* (*Dragonwyck*, Joseph L. Mankiewicz, 1946); y la tercera en una colina de San Francisco, en *La casa de la colina* (*The House on Telegraph*

Hill, Robert Wise, 1951). Tanto en Laura como en los otros tres trabajos formó equipo con los decoradores Thomas Little y Paul S. Fox. En estos films, como en *Laura*, el motivo iconográfico del retrato familiar, de una mujer en concreto, y el del reloj de péndulo se repiten y no pueden ser considerados como un elemento meramente superficial.

Retrato de la abuela Azilde en
El castillo de Dragonwyck.

El castillo de Dragonwyck
(Joseph L. Mankiewicz, 1946).

Se debe igualmente a Lyle R. Wheeler la dirección artística de dos films donde aparece como un emblema decorativo, ya convertido en un mito, el retrato de Laura. En el primero de ellos, *En la costa azul* (*On the Riviera*, Walter Lang, 1951), Gene Tierney es su protagonista y la alusión a *Laura* ha quedado patente en el cuadro de la dueña del palacete donde se desarrolla una gran fiesta. Este aparece en dos secuencias. Aquí podremos contemplar el mismo retrato de Laura del film de Preminger, pero en color. En *El mundo de las mujeres* (*Woman's World*, Jean Negulesco, 1954), el dueño de una mansión recibe a sus invitados y les enseña las colecciones del gabinete. Se trata de las cabezas disecadas de animales cazados por su abuelo y por su padre. Después, les muestra las fotografías de sus «capturas», es decir, de sus conquistas femeninas. Una de esas fotografías es el retrato de Laura. El anfitrión está encarnado, precisamente, por Clifton Webb.

Un fundido en negro mantenido varios segundos encadena la transición de la última línea de los títulos de crédito («*Produced and Directed by Otto Preminger*») con la primera imagen en plano del film. Después, el movimiento circular de la cámara que nos muestra el salón de Waldo comienza por la imagen de una estatua budista de la tradición indochina. Se trata de Avalokiteshvara (en el budismo indio) o Kuan-yin (en el chino), entidad, abstracción o diosa identificada con la misericordia, la compasión o la caridad (esta misma escultura también se puede ver en un plano de *El mundo de las mujeres*). La estatua que aparece en este primer fotograma del film, colocada dentro de una hornacina al modo del emplazamiento que podría tener en un templo, es la réplica de una pieza original china de la dinastía Ming. Pero más que su iconografía, nos interesa la posible relevancia derivada que puedan adquirir dentro de una exégesis y de una hermeneusis dos cuestiones: que la imagen de esta escultura china de Kuan-yin sea, como se ha dicho, la primera del comienzo de la acción en sí misma del film; que el sentido simbólico de la misma con el que se la identifica religiosa y espiritualmente remita a algún personaje de la historia. Laura es la protagonista del film, la mujer que le da nombre, y, puesto que después de la imagen de su retrato de los títulos de crédito, tras ese fundido en negro acompañado de las primeras palabras de Waldo que abre la acción narrativa, la estatua de la diosa Avalokiteshvara/Kuan-yin ocupa exactamente el mismo lugar en plano que el cuadro de Laura, se puede interpretar que existe una afinidad absoluta de la mujer con lo que representa esta diosa. Laura es, como Avalokiteshvara/Kuan-yin, la misericordia y la compasión personificadas (en chino su significado es «quien escucha los lamentos del mundo»). Hay una herencia mítica en estos elementos que acompañan a la diosa-mujer:

la de la luz, la del fuego colocado cerca o junto a las estatuas de las divinidades en sus templos: el retrato de Laura flanqueado por lámparas de pared, la escultura indochina con un candelabro delante. En cualquier caso, se nos presenta a la figura femenina, referenciada como diosa, observando serena desde su templete.

El proceso de composición es el aspecto más importante dentro de la «morfosintaxis y semántica visual».[21] No solo son relevantes las formas en sí mismas sino también su función, significado y sentidos últimos que adquieren dentro de un espacio integrado por distintos elementos visuales.

En este inicio del film, la cámara en su recorrido nos enseña la estancia completa: la hornacina que acoge a la escultura de la divinidad indochina, la vitrina con la colección de piezas de cristal, el reloj de péndulo, gemelo al que Waldo regala a Laura, la amplia terraza a la que se abre el salón con sus mesas, sillas y parasoles, el gran sofá y dos mesitas con lámparas a cada lado, la zona de despacho con su escritorio flanqueado por dos aparadores con vajillas de porcelana. La composición decorativa del salón de la vivienda de Waldo Lydecker, resuelta en conjuntos simétricos casi perfectos divididos por un eje vertical central (zona de estar con el sofá, zona de trabajo con el escritorio, chimenea con dos butacas a cada lado, muebles o focos decorativos como centros compositivos), refleja el gusto obsesivo de su propietario por el orden, la pulcritud, el control y la búsqueda de la perfección, hasta un punto tal que genera una sospechosa extrañeza.

El movimiento circular de la cámara continúa y nos muestra al detective McPherson dentro de la vivienda, de pie frente a la chimenea, contemplando el conjunto decorativo que se forma en esa pared. Figuras de iconografía clásica grecorromana adornan el marco de la chimenea y, sobre su repisa, descansan objetos refinados. Pero, especialmente, lo más importante de tal conjunto sea el retrato expuesto sobre la chimenea (parece un óleo sobre lienzo) que representa a una mujer madura escasamente agraciada, al menos en comparación con la belleza del rostro del otro cuadro, *leitmotiv* del film: el retrato de Laura. Ciertas simetrías, repeticiones y duplicaciones del apartamento de Waldo y del de Laura no se fundan solo en la pareja de relojes de pie de péndulo que comparten ambos.[22] Es lícita la curiosidad acerca de ese retrato femenino del salón de Waldo. Debemos recordar esos breves planos, dentro del *flashback* de la «historia de Laura» narrada por Waldo a McPherson, que corresponden a la noche de viernes invernal en que Waldo, vestido de gala pero solo en su casa porque Laura no ha comparecido a su cita con él para cenar, se siente «traicionado» («*betrayed*») por primera desde que comienza su relación con la joven y, tal vez presa de algún desagradable presentimiento, decide salir a dar un paseo en medio de una fuerte ventisca de nieve, descubriendo a Laura en su casa con el pintor Jacoby. Estas imágenes, que cuentan una etapa nueva de la relación de Laura y Waldo (la de la joven que empieza a interesarse por otros hombres), se abren con un plano en cuyo primer término contemplamos la figurita de porcelana de una mujer sentada con los brazos colocados en actitud de acunar a un bebé, pero esos brazos están vacíos. Waldo, entonces, camina hacia la chimenea de su salón donde un generoso fuego nos recuerda que ese foco de ignición corresponde simbólicamente al de una nao, la estancia más profunda de los templos antiguos donde se guardaba la figura de la divinidad, en donde se procuraba que el fuego estuviera siempre encendido. No hay más que fijarse en la iconografía clásica del frente de la chimenea, un conjunto que asemeja un antiguo templo grecorromano. En la penumbra de su salón, Waldo parece rendir cuentas ante el retrato de la mujer, acaso diosa-madre, como si necesitara un consejo, una ayuda maternal, y contrariado lanza su cigarrillo a las brasas del hogar. Iconografía relativa a la madre en la casa de Waldo también la encontramos en un cuadro situado en la sala de baño donde una madre se muestra indiferente ante el sentimiento de un niño que le abraza las piernas. Este cuadro queda bien enmarcado en el centro del plano justo entre los dos hombres, exactamente cuando McPherson le pregunta a Waldo si estaba enamorado de Laura (pregunta directa que se queda sin respuesta directa por parte de Waldo, no sabemos si por miedo a «la madre»). Para nosotros estos detalles tienen su importancia y queremos plantearlo de una vez: ¿quién es la señora de mediana edad y mirada serena que preside la chimenea y, por extensión, todo el salón de la casa? ¿Tal vez algún antepasado? ¿Tal vez la madre de Waldo Lydecker? No olvidemos que McPherson, en el inicio del film se encuentra, justo cuando la voz en *over* pronuncia la palabra «detective», delante del conjunto que componen la gran chimenea con el cuadro de la señora desconocida presidiendo el conjunto y es en eso, sobre todo, en lo primero en que se está fijando.

¿A qué lugar «regresa» Waldo cada vez que siente una decepción o un dolor por Laura, por ejemplo, cuando la observa por primera vez con otro hombre, con Jacoby, o cuando se ha quedado solo tras el asesinato de la muchacha? Lo hace al lugar que representa para él la seguridad, la tranquilidad: su gran bañera de mármol; objeto hueco que se constituye en una especie de útero materno, desde donde lo mismo escribe una invectiva contra un pintor, reconfortado por el agua caliente (el líquido amniótico) en una noche de frío y nieve invernales, como, en un caluroso día de verano en el que se duele de soledad por la muerte de Laura, se refresca y se dispone a redactar la historia de la joven a la que amaba. Esto supone un «retorno a la madre». No olvidemos que, colgado en la pared junto al tocador de la habitación trasera a la de la bañera, se encuentra el cuadro de la madre con el niño abrazado a sus piernas.

Sabido es, por otro lado, que Vera Caspary quiso introducir en su novela un elemento freudiano relativo a la impotencia sexual de Waldo. El bastón del periodista esconde, en la novela, un arma de fuego y es símbolo, por tanto, de un poder que su dueño no ostenta de por sí. Recordemos por un momento, en otro film del mismo periodo cuyo título es también el nombre de una mujer, al «amigo» del Sr. Mundson (George Macready), ese bastón que siempre porta en sus correrías capaz de convertirse, si las circunstancias lo requieren, en un estilete mortal y que tantas posibilidades aportó en *Gilda* (Charles Vidor, 1946) para introducir juegos de palabras de doble sentido. Pero Otto Preminger suprimió esa correspondencia del bastón de Waldo como alegoría fálica y freudiana, usando otro tipo de alusiones. Tal podría resultar ese posible complejo edípico referenciado, según nuestra visión, en la iconografía a la madre y en otros objetos que remiten a la forma fálica como las botellas de cristal, ya comentadas, las velas, o el bastón (sin arma escondida) que adorna la imagen afectada del periodista. Además, puesto que en la novela de Caspary la mujer encontrada muerta ha sido asesinada con una pistola y en el film con una escopeta de cartuchos, objeto mucho mayor y más contundente, cabría decir que el arma con la que Waldo perpetra el asesinato, luego escondida en el compartimento secreto del reloj, hace las veces por igual de objeto fálico. Lo cierto es que la fragilidad de Waldo y sus actitudes infantiles mostradas en ciertas ocasiones nos resultan muy reveladoras a este respecto. Por ejemplo, en la fiesta de Anne Treadwell, donde de manera teatral y dramática, Waldo corta la conversación de Laura y Shelby de este modo:

Laura, querida, ya no soporto más a estos imbéciles. Si no vienes conmigo en este instante, me volveré loco.

Pero volvamos a la secuencia inicial de la obra. McPherson continúa la observación de las colecciones artísticas de Waldo: un conjunto de máscaras teatrales y rituales de distintas culturas y civilizaciones y, por supuesto, el reloj de péndulo que el detective ya conoce por las fotografías del informe policial realizado en casa de Laura, donde se ha perpetrado el crimen.

La máscara (*prósopon* en griego, *persona* en latín) encierra un simbolismo complejo. Cirlot pone en relación directa la máscara con una *imago* transformativa y metamórfica que tal objeto oculta en razón de algún profundo misterio. «La ocultación —dice Cirlot— tiende a la transfiguración, a facilitar el traspaso de lo que se es a lo que se quiere ser; este es su carácter mágico, tan presente en la máscara teatral griega como en la máscara religiosa africana u oceánica».[23] ¿Acaso no ha «enmascarado» la verdad Waldo en su testimonio a los sargentos de policía McA-

90

vity y Schultz, reiterándose incluso en dicho testimonio (¡que conserva redactado él mismo!) cuando McPherson lo interroga al día siguiente? La doble pantomima llega a su máximo extremo cuando explica a McPherson que la razón para haber puesto por escrito su declaración es que él es «el hombre al que se cita más erróneamente en América». Es natural que Waldo coleccione máscaras, entre otros tantos objetos, él que tantas lleva puestas como formas ajenas de ser adopta, según la necesidad. Recordemos en el siguiente diálogo del film la confidencia de Waldo a Mcpherson relacionada con aquello de que la máscara facilita «el traspaso de lo que se es a lo que se quiere ser».

WALDO: Laura me consideraba el hombre más sabio, ingenioso e interesante que jamás había conocido. Yo estaba completamente de acuerdo con ella en ese sentido. Incluso

pensaba que yo era el hombre más amable, gentil y simpático del mundo.
McPHERSON: ¿Estaba de acuerdo con ella también en eso?
WALDO: McPherson, usted no lo entendería... pero intenté convertirme en el hombre más amable, más gentil y más simpático del mundo.

En este diálogo, el propio Waldo admite implícitamente ser más bien grosero, desagradable y antipático, y haber intentado cambiar tras conocer a Laura. Bien conocido es, pues, que el amor puede obrar un efecto de cambio de máscara o máscaras en el enamorado. Citaremos a Ibn Hazm de Córdoba:

Por el amor, los tacaños se vuelven desprendidos; los huraños desfruncen el ceño; los cobardes se envalentonan; los ásperos se vuelven sensibles; los ignorantes se pulen; los desaliñados se atildan; los sucios se limpian; los viejos se las dan de jóvenes;

los ascetas rompen sus votos, y los cautos se tornan disolutos.[24]

Llamado por Waldo, el teniente McPherson entra en la sala de baño de la vivienda. Se trata de una estancia dedicada en exclusiva a tal función. Waldo recibe al detective metido en una gran bañera de mármol que pareciera la de un emperador romano. La insistencia en lo falomorfo queda patente en otra colección de botellas, botes y frascos de cristal que reposan, también de manera simétrica, sobre la encimera de un lavabo. Pero esta vez, la forma fálica se nos presenta en posición vertical. Se diría que representa un nuevo símbolo del egocentrismo de su propietario, reforzado incluso por la presencia de nueve toallas milimétricamente colocadas de tres en tres en un toallero y bordadas, en el colmo del personalismo y la excentricidad, con las iniciales «WL» (Waldo Lydecker). Hemos de retroceder en el cine al año 1940 para encontrar algo parecido en el film *Rebeca*, de Alfred Hitchcock: las libretas, agendas y listín telefónico; las servilletas, los pañuelos, las mantas, la almohada, algunas prendas de su ropa, todo mantiene en la mansión Manderley las iniciales de la difunta señora de la casa, «RW» (Rebeca de Winter). ¿Qué oculta Waldo tras este personalismo tan exacerbado? McPherson esboza una ligerísima sonrisa al contemplar el conjunto de máscaras del periodista, sonrisa ya clara e indisimulada cuando observa a Waldo, tras lanzarle su albornoz, salir desnudo del baño, algo que sabemos porque el gesto del policía se produce al mismo tiempo que un ruido de agua nos indica que Waldo está saliendo de la bañera.

El cristal y la porcelana de Waldo muestran su gusto estético por lo delicado y exquisito. Desafortunadamente, antes que reflejo, en el mejor sentido de las palabras, de transparencia y delicadeza, reflejan su propia fragilidad «enmascarada» con chulería en su egoísmo, soberbia y pedantería. Esos tesoros inapreciables de la vitrina, esas tazas, jarras y platos de los aparadores, esas botellas y frascos del baño están denunciando que su propietario no es sino un «hombrecillo de cristal», un hombre solitario, con muchos conocidos, con muchos contactos, con miles de oyentes de su programa radiofónico y miles de lectores de su columna periodística, pero sin ningún amigo y, mucho menos, sin ningún amor. «En mi caso, el ensimismamiento está totalmente justificado. Nunca he encontrado ningún otro tema tan digno de mi atención», dice Waldo a Laura en su primer encuentro cuando es abordado por la muchacha. Esta le expresa entonces su compasión (por algo hemos relacionado a Laura con Avalokiteshvara/Kuan-yin): «Pues si ese es el modo en que realmente se siente, debe estar muy solo... Es usted un pobre hombre... Lo siento mucho por usted». Y, por una vez, Waldo queda impotente; es incapaz de dar una réplica ingeniosa a esas palabras. El famoso periodista que posee una colección de fino cristal y de sutil porcelana, se derrumba moralmente. Como también se derrumba inconsciente cuando vuelve a ver a Laura después de creerla muerta. Tiene, entonces, que ser levantado del suelo, llevado a la cama de la joven y puesto a reposar hasta su recuperación un buen rato después. Pero, mientras Waldo puede enmascarar su carácter frágil con algunos artificios lingüísticos y contestaciones ingeniosas, su debilidad física queda de manifiesto y en evidencia ante, por ejemplo, las preferencias amorosas de Laura. Jacoby, el pintor que la retrata, primer hombre por el que la muchacha se siente atraída, se empeñaba en parecer, al decir de Waldo, «más un atleta que un artista». Shelby Carpenter, el hombre con el que Laura se promete, es alto, fornido y tiene un éxito innegable con las mujeres. A una «trágica debilidad» (*tragic weakness*») femenina atribuye Waldo el

96

que para Laura «un cuerpo esbelto y fuerte es la medida de un hombre» («*a lean, strong body is the measure of a man*»), refiriéndose a Jacoby, a Shelby, pero también al último hombre por el que Laura se siente atraída: el detective Mark McPherson. También a este lo critica Waldo: «Es el mismo obvio modelo, Laura. Si McPherson no fuera musculoso y vulgarmente bien parecido no te fijarías en él ni un solo segundo». Pero, en definitiva, esa es la apreciación de un hombre débil y frágil, impotente, que observa «a través del cristal» de unos celos enfermizos las preferencias masculinas de la mujer a la que ama.

Ciertos objetos propiedad de Waldo, especialmente apreciados por él, se encuentran en la vivienda de Laura. Un jarrón que imita a un vaso griego con figuras claras sobre fondo negro, un antiguo protector de chimenea («*antique fire screen*») y una réplica exacta de su reloj de péndulo. Waldo intenta recuperar esos tres objetos decorativos, pero

97

ahora es McPherson quien se lo prohíbe. Del vaso griego, Waldo incluso llega a decir que es la «gema» de su colección («*This base is the gem of my collection*») y afirma que desea recuperar estos tres objetos porque no se los regaló a Laura, sino que se los prestó («*I only let them to Laura, you know*»). El reloj de péndulo merecerá, evidentemente, un comentario pormenorizado.

El apartamento de Laura es, comparado con el de Waldo y el de su tía Anne, algo más pequeño y modesto, pero no por ello carente de lujo y de elegancia. Las imágenes del trávelin circular del salón de Waldo en el inicio del film revelan una vivienda en un piso alto, tal vez un ático, con una gran terraza desde la que se divisan los rascacielos neoyorquinos. En la fiesta de la casa de Anne Treadwell, el encuentro entre Laura y Shelby se desarrolla en una terraza. El apartamento de Laura carece de ese espacio exterior y se encuentra en la primera planta del edificio, hecho que contrasta con el ático de Waldo. De cualquier modo, el interior de la casa de Laura, como el de la de Waldo o Anne, también revela la esencia de la persona que vive allí. McPherson, al poco de entrar, se refiere despectivamente a Laura como una «tía» o «chavala» («*dame*», en inglés). Waldo le recrimina enfadado su forma de dirigirse a ella: «¡Deje de llamarla "tía"! Mire a su alrededor. ¿Es este el hogar de una "tía"? ¡Mírela! [refiriéndose al retrato de Laura]». El periodista asocia, como nosotros, que el hogar y sus objetos representan el espíritu de la persona que vive allí. Una «tía» cualquiera no poseería, según Waldo, el exquisito gusto para decorar una casa con objetos bellos, delicados y valiosos, algo a lo que él mismo ha contribuido con el antiguo protector de chimenea, con el vaso griego y con la réplica de su reloj de péndulo. Ese gusto por vivir rodeado de objetos hermosos es subrayado *in situ* por Anne Treadwell, la tía de Laura:

«Recuerdo cuando ella compró estos vasos. Le encantaban. A ella le encantaban todas sus cosas». Así pues, creemos que con estas líneas del texto del guion se refuerza la idea de que la aparición de unos determinados objetos no es meramente decorativa, sino que su importancia radica, como en los sujetos, en que se convierten en el vehículo y la muestra de una forma de ser, de la esencia propia de la persona que los atesora.

Los tres personajes principales, Laura, Waldo y McPherson poseen algún objeto único, bien que portan habitualmente, bien que adquiere en su hogar una importancia especial. Nunca vemos a Waldo fuera de su casa sin su bastón y su clavel blanco en el ojal. El bastón, que como sabemos en la novela de Caspary escondía una pistola en su empuñadura y la autora quiso que representara un emblema fálico como testigo de la impotencia sexual de su dueño, abandona en el film de Preminger el sentido que se le otorga en la novela. A partir de esta conocida circunstancia, la mayoría de analistas y estudiosos de la obra de Preminger han abundado en la impotencia sexual de Waldo como algo seguro, sin que en el film haya ni una sola referencia a tal disfunción, ni soporte material alguno, ni una sola línea en el guion original final que puedan apoyar una idea de tal especie. Para agravar esa arriesgada impostura dentro del análisis del personaje de Waldo, algunos autores también le han atribuido a Waldo Lydecker la condición de homosexual. Simsolo, por ejemplo, afirma:[25]

Waldo, una creación genial y enfermiza de Clifton Webb, sufre por su falta de potencia sexual. La escena en la que interrumpe su comida muestra sutilmente que los placeres solitarios son la compensación de su impotencia y de su homosexualidad reprimida, detalle visible en su comportamiento tras su primer encuentro con Mark.

Es difícil asumir que la soledad de Waldo almorzando en el Hotel Algonquin muestre por sí misma su impotencia sexual y su homosexualidad. Tampoco entendemos cuáles son las señales de homosexualidad que encuentra Simsolo en el primer encuentro de Waldo con el detective McPherson. El filmólogo francés sencillamente afirma, pero ni explica ni demuestra. A otros autores no solo les parece segura la homosexualidad de Waldo sino también la de Shelby Carpenter. Para Gene Phillips, «...el film insinúa que Shelby Carpenter bien podría ser un homosexual que frecuenta a mujeres adineradas...»,[26] y así, Shelby se estaría aprovechando de Anne Treadwell por dinero. Phillips encuentra en el diálogo de Anne con Laura durante la fiesta con algunos amigos en casa de la joven esa posible insinuación en algunas afirmaciones veladas de la tía de Laura sobre Shelby (el subrayado es nuestro):

ANNE TREADWELL: Shelby es mejor para mí porque puedo permitírmelo y lo entiendo. No es bueno, pero es lo que quiero. Yo no soy buena persona, Laura. Él tampoco lo es. Sabe que yo sé que es... pues lo que es. También sabe que a mí no me importa. Estamos juntos porque ambos somos débiles y no podemos evitarlo...

Shelby es, en nuestra opinión, un *playboy* y *gigolo* ocasional. Desde luego, las grandes cantidades de dinero entregadas por Anne Treadwell a Shelby en varias ocasiones, por las que McPherson pregunta a la tía de Laura (visiblemente molesta por el carácter del interrogatorio del policía y sus posibles insinuaciones), dan a entender que esta mujer ya de edad madura está pagando favores sexuales.

103

Pero, del mismo modo, nos parece claro que Shelby mantiene relaciones sexuales con la modelo Diane Redfern y su presencia en el lugar y el momento del crimen se justifican porque aprovecha la ausencia de Laura para acostarse con la modelo, ¡en el propio apartamento de su prometida! De otra manera, sería difícil explicar por qué Diane Redfern se ha desnudado, ha colocado su vestido en el armario de Laura y ha tomado «prestada» una bata de la dueña de la casa para «estar más cómoda» esa noche. En el caso de Waldo, el colocarse un clavel en el ojal podría resultar un guiño a Oscar Wilde, que comenzó a usar como código oculto de su homosexualidad un clavel verde en la solapa. Este gesto podría ser el único a considerar en el caso de defender la interpretación de la posible homosexualidad de Waldo.

El bastón y el clavel son los emblemas que identifican la imagen pública de Waldo, la que pretende proyectar socialmente de su propia persona. Es una nueva máscara del personaje que él mismo ha creado. Representan la elegancia y la exquisitez de un hombre afectado en sus maneras. Ambos objetos se constituyen como los emblematismos por los que se le conoce en sociedad, una especie de metonimia del atildado periodista. Decir «bastón y clavel» es significar a Waldo. ¿No es acaso el propio periodista quien termina su narración a McPherson de la «historia» de Laura con la frase «Llegó a ser tan conocida [Laura] como el bastón de Waldo Lydecker... y como su clavel»? Mas, en otro sentido más simbólico, el clavel representa la dualidad de la vida y la muerte, lo efímero de ciertas existencias. El clavel prendido al ojal no durará en su uso más de una jornada. Al terminar su baño, Waldo se seca y se viste. El último movimiento con que completa la preparación de su atuendo es el de coger un clavel, cortar con sus dedos el tallo y colocárselo en la solapa de su chaqueta mientras responde a McPherson lo siguiente (la pregunta del detective ha sido si consiguió convertirse para Laura en el hombre más amable, cariñoso y simpático del mundo): «Lamentaría sinceramente ver a los hijos de mis vecinos devorados por los lobos». Al hacer coincidir en Waldo la acción de colocarse la flor en el ojal y su cínica respuesta, el clavel blanco, símbolo de la admiración, el respeto, el amor, la inocencia o la pureza, invierte entonces su referencialidad simbólica. El bastón, el otro objeto emblemático de Waldo, como la vara o el cetro, remite al poder de mando y es un atributo real; también sin añadido alguno, sirve como arma y, al menos una vez, escuchamos a Waldo amenazar al botones de la agencia en la que trabaja Laura.

Por extraño que parezca como policía que es McPherson, no hay indicio alguno de que porte un arma, ni en el costado ni en la cintura. Un compañero suyo dispara y mata a Waldo mientras él abraza a Laura para protegerla con su cuerpo a modo de escudo humano en la acción terminal del film. El hombre que detuvo a un famoso delincuente y que fue herido por varios disparos en una de sus piernas, ese héroe épico se ha convertido ahora en un investigar místico carente de armas. No obstante, el detective posee un objeto muy característico que también le acompaña de manera constante y cuya manipulación le sirve para calmar su ansiedad. Nos referimos, evidentemente, al pequeño juego mecánico de bolitas de acero con el escenario pintado de un partido de béisbol. McPherson es un gran aficionado a este deporte, de hecho, una de las secuencias eliminadas del film se desarrolla en el Yankee Stadium de Nueva York, donde Shelby y Waldo han acompañado a McPherson a ver un partido. La imagen que se conserva de esta secuencia nos muestra al detective entusiasmado siguiendo el juego de su equipo. Cuando McPherson quiere aislarse en cierto modo de lo que le rodea, extrae de su bolsillo la cajita y se pone a jugar con ella. El detective le dice a Waldo que requiere mucho control y que a él le calma los nervios. Waldo, por su parte, se pone nervioso con lo que para él supone un gesto infantil y fuera de lugar de todo un teniente de policía. McPherson no tiene reparo en acudir a su juguete en cualquier situación y delante de las personas que sea. Lo usa en presencia de Waldo, Shelby e incluso ante Laura.

El apartamento de Laura se convierte en el espacio íntimo donde ciertos objetos cobran, al modo de los sujetos, una especial relevancia. Nos referimos a los relojes de péndulo gemelos y al retrato de Laura. Por su emplazamiento en un lugar determinado de la casa, estos objetos se erigen en representantes de una «narrativa tácita», testigos, e incluso parte en cierto modo, de un crimen y de la posterior investigación policial.

De amplísima tradición en la iconografía cinematográfica, como hemos visto ya en unos ejemplos sucintos pero suficientes, los relojes de péndulo gemelos de *Laura* nos hablan del vínculo entre sus propietarios y nos muestran el sentido simbólico que los enlaza. Convertido el reloj en alegoría esencial del tiempo y del fluir de la vida, hay que recordar las dos escenas en donde únicamente escuchamos el compás de la manija del reloj en casa de Laura: una es justo antes de la «aparición de Laura»; la otra cuando Waldo entra por la puerta de la cocina para asesinar a la muchacha en la secuencia final del film. Tal como demuestran ciertas fotografías promocionales de *Laura* (concretamente una de Clifton Webb junto al reloj de su apartamento), al reloj de péndulo usado en el film se le añadió intencionadamente en su parte superior algo que el objeto original no tenía. Nos referimos a una estatuilla donde tres cupidones, cada uno en diferente posición, se apiñan en torno a una especie de tronco de árbol central. Eros-Cupido, el dios del amor hijo de Afrodita-Venus, principio del amor mismo frente a *Thánatos* (la muerte), queda representado en la parte superior del objeto, pero también en la inferior. La duplicación iconográfica reaparece en la parte baja del mueble, tras la portezuela que esconde una especie de compartimento hueco cuyo mecanismo de apertura está secretamente oculto. El panel de porcelana de ese compartimento, que McPherson rompe de una patada en el reloj de Waldo, se adorna esta vez con dos cupidones pintados; uno de ellos ofrece flores al otro. El detective puede al fin encajar las piezas ignoradas de su investigación, comprendiendo que el arma del crimen fue escondida en ese compartimento secreto del reloj de la casa de Laura: el «compartimento secreto del amor», del dios Eros-Cupido, pero también el «escondite de la muerte». En el último programa de radio de Waldo que escuchará

Laura, el periodista dice (el subrayado es nuestro):

Y así, como lo ha demostrado la historia, el amor es eterno. Ha constituido la motivación más fuerte para las acciones humanas... a lo largo de los siglos. <u>El amor es más fuerte que la vida. Va más allá de la oscura sombra de la muerte</u>.

Waldo regala a Laura un reloj idéntico al suyo con esas representaciones simbólicas del amor en forma de las imágenes escultóricas y pictóricas de la juvenil divinidad grecorromana. La pretensión de su amor posesivo por Laura busca que la joven acompase sus ritmos de vida, sus afanes y sus anhelos a los de él. El reloj, entonces, representa el control y dominio sobre el tiempo y la vida de la muchacha que Waldo quiere ejercer. El tiempo de Laura ha de ser el mismo que el suyo y ese tiempo debe ser el del amor de ambos. Y si no puede ser el del amor... será el de la muerte. El reloj de Waldo queda destrozado por la patada de McPherson en su parte inferior, donde se representan pintados a los dos cupidones; el de Laura es destruido por un disparo de Waldo en su parte superior, donde reposa la estatuilla de los tres cupidones, y las entrañas de la maquinaria, como la cabeza de la modelo Diane Redfern a la que dispara por error Waldo, queda inutilizada completamente. El hilo que, a través de los dos relojes gemelos, unía la vida de Waldo y Laura queda segado para siempre.

Establecida en la temática del film una dialéctica entre amor-vida-muerte (no olvidemos las palabras de Waldo, a modo de conclusión, en su último programa radiofónico: «El amor es más fuerte que la vida. Va más allá de la oscura sombra de la muerte»), el retrato de Laura, imagen material de la mujer asesinada, se convierte durante toda la primera mitad del metraje en elemento indispensable de la historia. Sin embargo, tras la aparición de la joven viva, este centro de interés objetual y fetichista se abandona y el cuadro queda como un elemento meramente referencial, desenfocado casi de manera fantástica en los pocos planos donde aparece en esta gran segunda parte narrativa (incluyendo el momento de la muerte de Waldo, al fondo del primer plano del periodista moribundo despidiéndose de su amada). Solo resurge con nitidez bajo el rótulo del final, cerrando en composición iconográfica anular un film que se abrió con ese mismo plano.

Aunque represente a una mujer viva, a esa mujer que ha alcanzado ya el éxito profesional y social, como imagen fija, estática, no deja de ser el retrato de una mujer que ha muerto allí mismo. Incluso la iconografía perfectamente triangular de la composición pictórica así lo revela. El triángulo, que encierra en sí la idea del numeral tres (amor-vida-muerte; Waldo-Laura-McPherson), en la posición más común, con el vértice apuntando hacia arriba, es símbolo de la ascensión mística y de la divinidad. En el cuadro, Laura aparece sentada con su cuerpo de perfil izquierdo y el

114

busto muy ligeramente girado hacia el frente. Su cabeza, algo ladeada, lleva su mirada seria y serena también al frente, hacia el espectador. El gesto recuerda a alguien que se está marchando y vuelve la cabeza para observar algo por última vez o dedicar un último adiós, de palabra o con una postrera mirada. El brazo izquierdo cuelga alineado a lo largo del cuerpo, casi inerte, con una ligera inflexión del codo y la palma de la mano hacia delante. La mano derecha reposa sobre el pecho y, según Cirlot, «la mano colocada en el pecho indica la actitud del sabio»[27] (ya hemos indicado que el carácter del cuadro es de tipo místico, no heroico ni erótico). Pareciera que Laura se encuentra en el momento de realizar algún voto o promesa. En el ámbito de la comunicación gestual, el llevarse una mano al centro del pecho, el lugar donde se encuentra el corazón, se asocia habitualmente a los valores de honestidad y sinceridad. El vestido negro contrasta con la blancura de la piel de la mujer y acentúa su palidez, que es la señal inequívoca de la muerte. Waldo afirma que Jacoby, autor del cuadro, no consiguió reflejar la vitalidad y la calidez de Laura (*«Jacoby was in love with her when he painted it... but he never captured her vibrance, her warmth»*), dos adjetivos que solo atribuiríamos a una persona en vida, como hace Waldo cuando evoca ante McPherson a la Laura viva diciendo: «Tenía calidez, vitalidad. Tenía auténtico magnetismo» (*«She had warmth, vitality. She had authentic magnetism»*).

III.Una poética de los espacios íntimos

En un metraje de ochenta y ocho minutos,[28] las escenas o planos que se desarrollan en exteriores ocupan, aproximadamente, un total de tres minutos y seis segundos. Ocho cortísimos fragmentos exteriores sirven, dentro de secuencias mayores, de mera transición. Un taxi llega a casa de Anne Treadwell; Waldo y McPherson se bajan y entran en el edificio (1). La idea se repite en la siguiente toma exterior: de un taxi bajan Waldo, McPherson y también Shelby y entran en el edificio de Laura (2). Waldo pasea de noche por la calle bajo una intensa ventisca de nieve, llega a casa de Laura, observa a través de las ventanas a la muchacha con un hombre, espera en la calle hasta que el hombre sale del portal y descubre que se trata del pintor Jacoby (3). Fuera del restaurante Montagnino, Waldo y McPherson se despiden tras la cena en la que el periodista ha evocado la «historia» de Laura (4). McPherson camina de noche por la calle bajo una intensa lluvia, volviendo a casa de Laura; da permiso para ir a comer algo a su compañero que monta guardia (5). Frente al edificio de Bullitt & CIA, Shelby y Laura se encuentran y conversan dentro de un automóvil; Laura se apea y McPherson sigue con el vehículo policial a Shelby hasta la casa de campo de la joven en Norwalk (Connecticut) (6). McPherson acompaña a Laura en un taxi de vuelta de la comisaría; bajan del vehículo y se despiden frente al portal del edificio de Laura (7). Por último, el detective pregunta a su compañero de guardia en el portal del edificio de Laura si ha visto salir a Waldo; ante la respuesta negativa de este, ambos policías entran a toda prisa en la vivienda (8).

Pretendemos subrayar la idea de que las acciones y situaciones del film se desarrollan en espacios interiores hasta en un noventa y seis por ciento del metraje completo: el apartamento de Waldo, el de Anne Treadwell y el de Laura; el restaurante Montagnino y el del Hotel Algonquin; varias oficinas y dependencias de Bullitt & CIA (incluida la oficina privada de Laura), una peluquería, el salón de una tienda de moda, el vestíbulo de un teatro, un salón de baile, el restaurante Sardi's (reconocible por el gran muestrario de caricaturas de personajes famosos colgadas de sus paredes), el night-club El Morocco, un restaurante y salón de baile indeterminado, un sótano (probablemente del edificio de Laura, tal vez el cuarto de aperos de limpieza y de la caldera de calefacción, en el que la policía tiene un control telefónico del apartamento de la joven), la casita de campo de Laura y un cuarto de interrogatorio en la comisaría de policía. Al cabo, la mayoría de esos lugares o su propio carácter corresponden al de espacios de intimidad, y la mayor cantidad de acción y situación sucede en cuatro casas particulares y en la mesa reservada («privada»), y apartada en cierto modo de las demás, de un restaurante italiano. Como «continentes espaciales» encierran dentro de sí los objetos a los que ya nos hemos referido, cuya carga simbólica los convierte en emblematismos de la intimidad de sus poseedores. Mucho más aún, toda la representación iconográfica de los espacios interiores en *Laura* (que ocupa, como hemos podido comprobar, casi la totalidad del metraje) otorga al film un carácter netamente teatral y, sobre todo, expresa una profunda mitología y simbología de la intimidad.

No es de extrañar entonces que, a partir de la secuencia de la cena de Waldo y McPherson en el restaurante Montagnino, domine casi absolutamente el tiempo de la noche, el gran espacio místico (en su sentido de «mis-

120

terioso» u «oculto») de la intimidad. El «reino de la noche» se impone al de la luz y la claridad, y este «régimen» nocturno de la imagen[29] en la narración alberga, ya desde la concepción mitológica hesiódica de la Noche (como la diosa-madre Nyx), entidades divinas alegóricas que corresponden a la locura y la insensatez (Moro; a las que sucumbe Waldo hasta en dos ocasiones distintas), a la perdición y la muerte (Ker; el desgraciado destino de la modelo Diane Redfern), al sueño (Hipno; que recoge por cansancio y alcoholismo a McPherson en el apartamento de Laura), a la muerte misma (Tánato; que busca a Laura por la mano de Waldo), a la venganza (Némesis; que también atañe al periodista asesino), a la discordia (Eris; que siembra Waldo en primer lugar cuando desacredita a Jacoby escribiendo «con nocturnidad y alevosía» una crítica destructiva de la obra del pintor, o cuando entrega a Laura los informes de su investigación privada que ponen en entredicho la honorabilidad y lealtad de Shelby) y a un amplio número de genios y demonios maléficos.

En efecto, la noche viene requerida, como símbolo mortífero, para llevar a cabo un asesinato o su intento; como espacio de intimidad, para el disfrute de la cena y la tranquila velada de dos enamorados; como misterio, para la investigación del enigma de un crimen, y, como tiempo de fantasmagorías y sorpresas, para la aparición y el reconocimiento de una mujer a la que se creía muerta días atrás. Todos estos elementos temáticos, narrativos e iconográficos son imprescindibles para crear una atmósfera de inquietud y desasosiego en el espectador.

Asociada a otras imágenes, la noche trae en *Laura* el agua en dos de sus distintas manifestaciones: la nieve (con ventisca incluida) y la lluvia (que desemboca en una tormenta cuando Shelby y McPherson llegan a la casa de campo de Laura). Noche, luna, oscuridad, aguas, lluvia, todo ello se relaciona con el principio femenino universal. Laura Hunt «resurge» en su apartamento bien entrada ya la noche, como si nada hubiera sucedido desde el fatídico viernes en que decide marcharse a su casa de campo. La lluvia acompaña todas las imágenes de la larga secuencia desde que aparece McPherson caminando por la calle hacia la casa de Laura. Al ingresar el policía en la vivienda, el reloj de péndulo marca las 21:35. Un rato más tarde, cuando Waldo visita a McPherson y es expulsado por este de la casa tras una discusión, son las 21:50. A través de las persianas de una ventana podemos contemplar cómo la lluvia arrecia en el exterior, al tiempo que el abatimiento y la desesperación de McPherson, enamorado de una muerta, se acrecientan. Tras la marcha del periodista, el detective se entrega a la bebida y se queda dormido en un sillón frente al retrato de Laura. Gilbert Durand cita a Bachelard: «El agua estaría vinculada a las lágrimas por un carácter íntimo, una y otras serían la "materia de la desesperación"».[30] La lluvia se considera mantenedora de la vida y purificadora. Es el agua de la tierra que retorna a su lugar de origen, que fecunda y regenera. Como también se considera símbolo universal de resurrección ligado a la idea de lo cíclico. Debemos aceptar que McPherson lleva, al menos, un rato dormido cuando aparece, empapada por la lluvia, Laura.

Algunos autores han incidido en el carácter «claustrofóbico» de los espacios interiores, especialmente de las viviendas, recargadas hasta el exceso de decoración, pero, sobre todo de la habitación de la comisaría donde McPherson interroga a Laura.[31] La casa de campo de la muchacha, en el contexto de una noche de lluvia y tormenta, iluminada con luces tenues e indirectas adquiere un carácter terrorífico. En ella el techo tiene muy poca altura, lo que acentúa esa sensación de encierro agobiante.

124

Pero también la noche, o la oscuridad en su defecto, traen el amor. La dependencia donde McPherson interroga a Laura en la comisaria es un pequeño cuarto oscuro iluminado sucintamente por dos lámparas de pared. Otro «espacio privado», como lo demuestra una de las dos puertas de acceso a esa habitación —de cristal, en este caso— donde observamos el rótulo «*Private*». McPherson ha necesitado arrestar y llevar a Laura a un cubículo de su lugar habitual de trabajo. La «luz del amor» se manifiesta con intensidad al encender McPherson los dos potentes focos orientados a la cara de Laura. Cuando un interrogatorio policial se convierte alegóricamente en una forma de hacer el amor con ímpetu, las palabras pueden reflejar una curiosa ambigüedad («No puedo, por favor, —se queja la joven—. ¿Tengo que soportar estas luces en mi cara?»). McPherson calma la «fogosidad» de sus «luces» y las apaga. «¿Era necesario

125

esto?», pregunta la muchacha, «He llegado a un punto —responde el policía— en el que necesitaba un entorno oficial». El detective se asegura de la inocencia de Laura y del hecho de que ella ya no está enamorada de Shelby. Esta, por su parte, reconoce los sentimientos de su interlocutor, que también ella comparte. Tal vez sea por eso que, dentro de un cuartucho pequeño y oscuro donde se ha iniciado un «acto de amor», primero agresivo y luego dulce, Laura, al terminar el interrogatorio, llama al detective por primera vez Mark.[32]

Poco después, la noche en sí misma nos recuerda que puede ser vehículo de *Thánatos* (la Muerte) y de *Éros* (el Amor) llevada por *Chrónos* (el Tiempo). La noche, que ha sido testigo del brutal asesinato de una mujer en la puerta del apartamento de Laura, propiciará también, exactamente en el mismo lugar donde se produjo el crimen, bajo el umbral de

126

la puerta del apartamento, el tierno beso de amor, el primero, entre McPherson y Laura.

IV. *L'amour fou*

Otro de los más peregrinos orígenes de la pasión es que nazca el amor por la simple pintura del ser amado sin haberlo visto jamás. Por este camino se puede llegar incluso a los últimos grados del amor... y todo sin haber contemplado nunca a quien se ama.
Ibn Hazm de Córdoba,
El collar de la paloma (s. XI).

Un amor apasionado. Muchas veces destructivo. De violencia e intensidad extremas o desmesuradas. Un sentimiento obsesivo que obliga a quien lo posee a actuar de manera irracional, y que se encamina hacia la perdición o la fatalidad. Desequilibrado en sí mismo, que fluctúa entre la extrema alegría y el sufrimiento desgarrador. Todo esto es un *amour fou*.

Para Waldo, el amor por Laura viene definido por la posesión. No lo entiende sin este concepto. Ya hemos ejemplificado desde la visión mitocrítica cómo el periodista aparta a los amantes de Laura. La idea sobre los objetos que atesora el periodista queda reflejada en sus primeras palabras cuando invita a McPherson a no tocar sus pertenencias; únicas, sin precio para él. Y Laura, aunque acaba de rechazar a Waldo, aún bajo la malsana influencia de este, se siente cómplice por omisión del asesinato de Diane Redfern y reconoce ante el policía que ella «le debía mucho [a Waldo]». El detective, para establecer el móvil del intento de asesinato de Laura, le dice que «[Waldo] pensaba que si no podía tenerte para él solo, se aseguraría de que nadie más lo hiciera». Palabras que, de otra manera, expresa también Waldo mientras encañona a Laura con su escopeta en la alcoba de la joven: «¿Crees que yo podría soportar la idea de que él te tenga entre sus brazos, besándote, amándote?». La «exquisita creación» de Waldo, la mejor parte de sí mismo, según su propio decir, no puede quedar en otras manos más que las suyas. Como para el Narciso mitológico las aguas del río, cada vez que el «ensimismado» Waldo mira a Laura le parece contemplar un reflejo que le devuelve lo mejor de sí mismo, tal vez por eso Waldo se haya enamorado de Laura, la mujer a la que asimila como su reflejo perfecto, pues Laura es un espejo de bondad y excelencia como persona. En consecuencia, la obra de arte que modeló con tanto amor y cuidado le corresponde solamente a él. «Todo acerca de Laura me concierne a mí», replica Waldo a Shelby. Con esta antología de frases del periodista, que ha confundido amar con poseer, ya queda todo dicho.

Pero a McPherson tampoco le ha sonreído la suerte en los asuntos del amor. Una vez cierta «muñeca» de Manhattan lo engatusó para que le comprara una piel de zorro y, en otra ocasión, una mujer (que, esta sí, no era ni una «tía» ni una «muñeca») se empeñaba, según el detective, en llevarlo a las tiendas de muebles para ver mobiliario de salas de estar (suponemos que McPherson era reacio al matrimonio). Con estas cínicas contestaciones del policía a Waldo, los espectadores podemos imaginarnos que su vida amorosa debe haberse reducido a relaciones cortas, esporádicas o a meros encuentros sexuales con lo que él llama «tías» («*dames*») o «muñecas» («*dolls*»). McPherson sufre de una insatisfacción amorosa, como Waldo, pero muy distinta a la de este. Entonces, aborda su vida una mujer asesinada cuyo caso él investiga. Y se enamora de ella.

Al comienzo de la investigación policial, para McPherson el caso es pura rutina. Laura Hunt no es sino otra mujer víctima de un horrible asesinato cometido en Nueva York. Al policía no le impresionan lo más mínimo ni el ambiente refinado y elegante del apartamento de la muchacha, escenario del crimen, ni la imagen de su retrato. El detective, tal vez desengañado del amor y dolido contra las mujeres o la vida, llama a Laura con desconsideración «tía, tipa», lo que provoca la ira de Waldo. «¡Mírela!», ordena el periodista refiriéndose al retrato de la muchacha. «No está mal», responde casi despectivamente el policía, que apenas ha dedicado una mirada de un par de segundos a la mujer del cuadro. Su actitud es irrespetuosa y chulesca. Waldo le pregunta por qué tuvieron que fotografiar a Laura asesinada y McPherson responde:

«Cuando matan a una tía a ella ya no le importa su aspecto». En su ejercicio profesional, pasea y echa un vistazo por el apartamento; manosea los objetos y los muebles con frialdad y pone en funcionamiento el tocadiscos; hace algunas preguntas a Shelby y, ya en el dormitorio de la víctima, se deja caer de manera grosera en la cama de la difunta Laura, sin respeto alguno por la memoria de la mujer que vivió y murió allí. Recostado de forma tan zafia, manipula su juguetito de béisbol.

Es necesario insistir en la idea del desinterés inicial de McPherson por el caso. El guion final de 24 de abril de 1944 lo refleja claramente en una secuencia escrita que o bien nunca se rodó o bien se eliminó. En el trayecto en taxi desde el apartamento de Waldo al de Anne Treadwell, el periodista y el detective conversan. En su diálogo se pone de manifiesto cómo le molesta a McPherson haber

135

sido asignado a un crimen de la alta sociedad neoyorquina (el subrayado es nuestro).

WALDO: ¿Tiene usted prisa?
McPherson: Quiero ver a los Yankees jugar contra Filadelfia esta tarde.
WALDO: ¿Va a resolver este caso desde los graderíos?
McPHERSON: ... Es domingo. El hombre tiene derecho a un día libre.
WALDO: Parece usted olvidar que se ha cometido un asesinato.

...

WALDO: ¿Debo suponer que prefiere una ordinaria matanza de gánsteres con ametralladoras, automóviles negros y toda su parafernalia?
McPHERSON: Desde luego. Al menos, ahí estás tratando con algo real. Gente con los pies en la tierra.
WALDO: McPherson... aquí tiene usted una de los más inusuales casos...

[es interrumpido por el policía]

McPHERSON: Lo único inusual de este caso es el lugar [donde se ha cometido el asesinato]... Fuera de eso, prácticamente todos los días es asesinada en su apartamento una tía infiel.

WALDO: ¿Cómo se atreve a llamar «tía» a Laura?

¿Cuándo se enamora entonces McPherson de Laura? Debemos concluir que, desde luego, no en su primera visita al apartamento de la muchacha. Es más tarde cuando sucede la «transformación» del policía que, al conocer la historia de Laura por boca de un apasionado Waldo, comienza a mostrar una mayor y mejor consideración por la joven. Los primeros sentimientos de Mark por Laura, en esta fase temporal de «conocimiento» del otro de manera referencial, suponen un proceso de modelado progresivo de su imaginación.[33] Comienza un «amar sin conocer». La originalidad de la variante narrativa de este tópico en *Laura* consiste en «amar sin conocer» a una mujer muerta. Es un amor imposible y, por tanto, un amor loco, un *amour fou*.

Recordar a Laura también hace brotar la mejor parte de Waldo. El detective conoce la fascinante figura y personalidad de Laura gracias al vívido relato del periodista. La reconstrucción narrativa de su pasado feliz con la joven es apasionada e idealizada. Su cuidada expresión, la belleza y pureza de sus palabras expresan con claridad los sentimientos de este hombre. Es una de las pocas veces en el film en que él se expresa de manera sincera, con naturalidad y sencillez. Casi nos parece estar escuchando a otro Waldo, sencillo y vulnerable, como poseído por el espíritu del amor. Desprovisto de todo artificio, alejado de sus máscaras de ironía, soberbia y egolatría, ha vuelto a la mesa donde tantas veces cenó con Laura, donde celebraron su veintidós cumpleaños, donde disfrutó de momentos muy felices. Habla arrobado de su amada muerta. El lado mejor y más humano del periodista viene acompañado de sus vivencias directas con Laura, cuando él solo disfrutaba de la compañía gozosa de la muchacha, en un tiempo que era exclusivo para ellos, que los fundía a ambos y donde, siempre en la figuración de Waldo, existían únicamente él y Laura. Con la mirada perdida mientras habla a McPherson —que no le interrumpe en ningún momento, solo observa, escucha y toma notas en su cuaderno—, como si musitara la historia de una encantadora princesa, pareciera que Waldo, igual que su interlocutor, pudiera contemplar a la muchacha por el poder de la evocación, al modo de un sueño, que es como funciona el recurso fílmico del *flashback* en este caso. El detective no parece ajeno a tan hermosas palabras que toman, de pronto, forma visual para el espectador.

La intimidad de la mesa en una zona apartada del restaurante junto a una ventana y a la chimenea, la llama prendida de la vela entre ambos hombres (otro símbolo fálico que se va consumiendo con el tiempo transcurrido), las plantas del alféizar, la música en vivo del terceto de piano, violín y acordeón, todo ello crea un ambiente de ensoñación, tristeza, añoranza y melancolía donde afloran el dolor por la pérdida del ser amado y los sentimientos más profundos. El espectador, a través de un fundido encadenado, contempla ahora a Laura, casi niña con diecisiete años, levantándose de la mesa de un restaurante con una carpeta bajo el brazo y caminando indecisa hacia el rincón donde almuerza Waldo. La recreación por este de la «historia» de Laura se ha extendido tanto en el tiempo que ambos hombres permanecen desde hace ya un rato como los únicos clientes del restaurante, frente a frente, con la vela de la mesa ya casi consumida; solos entre las sombras de la tristeza.

Tras esta larga secuencia monologada, resuelta visualmente con un largo *flashback* de casi veinte minutos, se establece un nuevo punto de inflexión en el desarrollo de la trama fílmica. McPherson ha quedado sin duda impresionado y conmovido por el «retrato» de Laura que ha realizado Waldo.

La secuencia que se desarrolla en la segunda visita de McPherson al apartamento de Laura nos presenta al detective con una actitud muy distinta. En la mesa del despacho con todas las cartas, documentos y el diario de la muchacha, pareciera que el policía ha pasado muchas horas (tal vez toda la noche después de dejar a Waldo) leyendo las intimidades de la joven. Bessie, la sirvienta de la casa, es entrevistada por el detective, que comprueba hasta qué punto esta mujer quería a Laura y cómo le ha sido leal en vida y póstumamente. Durante la tercera visita, ese mismo día ya de noche, entendemos que McPherson ha caído en un pozo de amor del que no puede salir. Pero esto no ha sucedido de inmediato. Primero hemos asistido a una fase de preparación mental, a la creación de un *eídolon*,[34] es decir, una imagen ilusoria producto de la fantasía del policía que conforma su deseo imposible. Como dice Claudio Guillén con respecto al tópico del «quererse sin conocerse» en Cervantes: «Con frecuencia el deseo se adelanta al conocimiento».[35] El enamoramiento de McPherson se ha forjado poco a poco, bebiendo de distintas fuentes: la afirmación de Anne Treadwell de que todo el mundo adoraba a su sobrina, el extraordinario relato de las vivencias de Waldo junto a Laura desde que la conoció, la lealtad mostrada por su sirvienta, la lectura, muy probablemente, de las intimidades de la muchacha en su diario y sus cartas y, por último, la contemplación exacerbada de su retrato. El tormento de amor en el

142

que se sumerge el detective lo encontramos apropiadamente expresado por Ibn Hazm de Córdoba cuando este describe los efectos del «amor de oídas»:

Porque el que consume su entendimiento en amar a quien no ha visto, tiene por fuerza, cuando se queda a solas consigo mismo, que configurar en su alma una imagen ilusoria, un ser a quien colocar frente a su intimidad, y ya no podrá forjar en su mente ninguna otra imagen distinta de esta, hacia la cual se inclina su fantasía.[36]

Toda la secuencia de esta tercera visita, que hemos descrito más arriba con detalle, prepara el terreno para la aparición de Laura. McPherson cae dormido en un sillón frente al retrato de la joven, con la «imagen ilusoria hacia la cual se inclina su fantasía». Se trata

de la escena que preludia el momento central
y más importante del film.

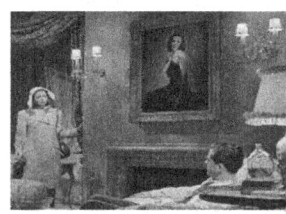

A veces, unos pocos planos o incluso un solo plano dentro del conjunto de un film no revisten mucha importancia. Otras veces, sin embargo, constituyen la clave en la que se sustenta toda una cadena narrativa. Nos referimos, claro está, a «la aparición», el momento en el mismo tiempo cronológico del relato fílmico en que se encarna la hermosa Laura —precisamente, como único efecto sonoro, escuchamos el sonido del movimiento del péndulo del reloj.[37] Vestida de manera muy sencilla y mojada por la lluvia nocturna, aunque no aparezca como la diosa blanca de la fiesta, su rostro nos cautiva por igual, y su «resurrección» (palabra exacta usada por el propio Waldo: «Y bien, McPherson, ¿qué le parece la resurrección de Laura?») nos llena de alegría una vez superada la sacudida de extrañeza de si contemplamos la figura de un fantasma, la ilusión onírica de un detective o a la Laura de carne y hueso.

La aparición repentina de la mujer ejerce un efecto de vivencia sobrenatural (al verla, McPherson se frota los ojos y sacude la cabeza como si contemplara una alucinación). Ese instante en que aparece «la mujer gloriosa de su mente», ese primer encuentro real supone para el detective el final de su espera imposible y, para ambos, el destino que como amantes la fortuna les tenía reservado.

«Otra señal [del amor] —escribió Ibn Hazm de Córdoba— es la sorpresa y ansiedad que se pintan en el rostro del amante cuando impensadamente ve a quien ama o este aparece de súbito...». Laura entra en su apartamento y descubre con sorpresa y miedo a un desconocido que duerme en un sillón. El policía despierta y ve ante él, aturdido y desconcertado por la visión, a la mujer de la que se ha enamorado. El encuentro asume convencionalmente la arquetipicidad visual de una escena de encuentro amoroso: silencio inicial, conmoción momentánea, asombro ante la hermosura y mudez del enamorado. «¿Qué hace usted aquí?» —pregunta Laura. McPherson no es capaz de responder y sencillamente constata lo evidente con sorpresa: «¡Está viva!». La escena recuerda (con evidentes reservas) al pasaje de *La ilustre fregona* de Cervantes, cuando el joven Avendaño se encuentra al anochecer en una posada con la muchacha limpiadora de cuya belleza tanto le han hablado. Cervantes describe ese momento, y los síntomas de Avendaño se repiten, siglos después, en McPherson:

No puso Avendaño los ojos en el vestido y traje de la moza, sino en su rostro, que le parecía ver en él los que suelen pintar de los ángeles; quedó suspenso y atónito de su hermosura, y no acertó a preguntarle nada, tal era la suspensión y embelesamiento.[38]

Después de esa frase del detective («¡Está viva!»), el recurso técnico del plano/contraplano nos muestra toda la fuerza y expresividad que llega a adquirir el primer plano, hasta desdibujarse lo que le rodea, concentrándose el sentido simbólico estrictamente en la figura que es mostrada.

En el mito griego, cerca ya de la salida del inframundo, Orfeo, temiendo que su amada muerta no le siga, que la promesa de recuperarla haya sido una burla de Hades, el rey del mundo de los muertos, gira su cabeza para asegurarse de que va tras él Eurídice, una sombra, un *eídolon* todavía dentro del infierno. Entonces la imagen de la mujer se desvanece y Orfeo pierde por segunda vez, y para siempre, a la mujer que ama. En *Laura*, por el contrario, el acto de mirar de frente, de ver, de reconocer y de confirmar la identidad por parte de McPherson (la anagnórisis), asegura para él y para el espectador la presencia real de Laura en el mundo de los vivos.

V. AYER, HOY Y SIEMPRE DE LA TRAGEDIA

No se puede olvidar tampoco que, cuando digo que el grito más auténtico del hombre de hace dos mil años nos hace sentir horror y piedad, estoy pensando en que este grito lo expresan actores de hoy, que viene sustentado, lo veremos más adelante, por móviles también de hoy.
José María de Quintos:
La tragedia y el hombre (Notas estético-sociológicas).[39]

Aunque parezca extraño, todavía conservamos en nuestros días, desde hace dos mil quinientos años, los ecos de una continuidad de la tragedia griega. La voz, los gestos desesperados del héroe trágico, soportando un dolor por el que él mismo se pregunta, no se han perdido del todo. Por el contrario, afloran con viveza allí donde un autor pone el foco en los grandes asuntos del ser humano. Se ha dicho muchas veces que allí donde encontramos representado lo trágico, el fenómeno mismo se vuelve hacia la antigua tragedia ática y parece surgir de ahí como su punto de partida.[40]

Tras ochenta años desde la producción de *Laura* de Otto Preminger, el personaje de Laura Hunt así como el propio film en sí mismos han llegado a constituir uno de los grandes mitos permanentes dentro de la historia del cine, al igual que las antiguas tragedias griegas de aquellas mujeres (algunas de ellas, caso de Ifigenia, muertas aparentemente como Laura)[41] cuyas vivencias en una situación límite merecían el interés de los poetas trágicos y se tomaban directamente de los relatos mitológicos, es decir, eran ya mitos.

La tragedia griega, que algún autor ha puesto en conexión ya con el *film noir*,[42] desborda en ocasiones a este género fílmico en esa clave del «dinamismo de la muerte violenta» que Nino Frank señaló como característica fundamental de este tipo de obras.[43] La noticia de algunos autores antiguos acerca de que la terrorífica aparición del coro de las Erinias, gruñendo, chillando y ladrando tras ser invocadas por el fantasma de Clitemnestra en *Euménides* de Esquilo, provocó el desmayo de los niños y el aborto de algunas mujeres en estado, muestra un testimonio falso por exagerado, pero refleja, no obstante, la profunda impresión de miedo y espanto absolutos que causó en el público esta tragedia u otras, como *Bacantes* de Eurípides, en cuyo final un mensajero explica el asesinato de Penteo, despedazado vivo a manos de un grupo de mujeres enloquecidas por el dios Dionisos (las imágenes narradas por el mensajero son de tal violencia y horror que, puestas en imágenes, serían dignas hoy del cine *slasher* o *gore*). En *La versión Browning* (*The Browning Version*, Mike Figgis, 1994), el director de un colegio masculino de élite reprocha a un profesor de ciencias la fabricación con sus alumnos de «pociones malolientes» en lo que considera una «visión pervertida de la educación». El profesor de ciencias responde entonces que más pervertida le parecen a él otras enseñanzas en las que tienen cabida «la violación, el asesinato o el incesto». Este profesor piensa en su réplica, sin duda, en las enseñanzas sobre la tragedia griega de otro de los docentes del colegio, pues en la secuencia siguiente asistiremos a la clase de lengua y literatura griegas del profesor Andrew Crocker-Harris (Albert Finney) traduciendo con sus alumnos el impresionante fragmento de la tragedia *Agamenón* de Esquilo, donde la reina Clitemnestra sale a escena y cuenta con una frialdad terrorífica cómo ha asesinado a su marido Agamenón, rey de Micenas, mientras este tomaba un agradable baño.

Si, según Aristóteles, la tragedia, a través de la compasión y horror, generaba en el espectador un desencadenamiento liberador de sus sentimientos, efecto conocido como catarsis (*kátharsis*),[44] encontramos en *Laura* ambos elementos en partes proporcionales. O bien, lo que resulta análogo, pena, sufrimiento, tristeza y dolor junto a otros sentimientos que provocan el terror como la angustia, la inquietud, la ansiedad o el desasosiego. Desde este sentido, lo trágico se revela como una dimensión profundamente consustancial al hombre que aflora aquí y allá de manera periódica, no solo como causa de dolor y sufrimiento, sino tanto o más como el mecanismo de una profunda búsqueda de la verdad ante esas grandes preguntas que siempre ha tratado de responder para sí mismo el ser humano. También dice Simsolo que estos sentimientos que hemos enumerado habían dominado el cine de Hollywood después de la Segunda Guerra Mundial.[45] Resurge lo trágico, y se adapta a los tiempos y las diferentes circunstancias con las modificaciones necesarias. Veámoslo.

Un destino fatal ha llamado a la puerta del apartamento de una joven bondadosa, bella y triunfadora. En la primera parte del film, hasta la aparición de Laura viva en su casa, los testimonios de terceros sobre la muchacha asesinada han suscitado nuestra identificación con la víctima y piedad por ella. ¿Cómo es posible que una mujer excelente haya sido asesinada de forma tan violenta y cruel? Compadecidos por el terrible final de Laura, conocemos su historia y lamentamos que la negra muerte haya caído sobre la joven por la mano de algún asesino.[46] Pero también nos suscita piedad la figura del detective tosco

157

que, durante la investigación, cae atrapado en las redes de un imposible, al enamorarse de la mujer asesinada cuyo caso investiga. La lástima por la una y el otro nos hace desear, como al propio McPherson (que llegado el momento cree estar volviéndose loco), la «resurrección» de Laura, y experimentamos una catarsis al verla aparecer con vida. Por último, mal que nos pese, ¿no habríamos de admitir también nuestra pena por el cínico periodista durante su emocionada evocación de Laura, o en el momento de su despedida de McPherson en la puerta del restaurante Montagnino, o cada vez que, sin valor para confesar abiertamente sus sentimientos a su amada, pronuncia frases como «... intenté llegar a ser [para Laura] el hombre más amable, más gentil y más simpático»; «Cuando un hombre tiene todo lo que quiere en el mundo excepto lo que más desea, se convierte en un amargado...»? Hemos revelado ya como clave objetual del film la aparición, colocada en una hornacina del apartamento de Waldo, de la estatua de la diosa indochina Avalokiteshvara/Kuan-yin, identificada con la misericordia, la compasión o la caridad. Pues, ¿no se muestra Laura Hunt suficientemente compasiva cuando ofrece un trabajo a un recién conocido, a Shelby?, ¿acaso, al saber que el detective va a detener a Waldo no esboza la joven una expresión de disgusto piadoso? El intenso final de la historia camufla la última acción de Laura. Al darse cuenta de que Waldo ha sido herido de muerte por el disparo de un policía, se libera de los brazos protectores de McPherson, el hombre al que ella ama, y se dirige hacia aquel llorando, seguramente, así lo interpretamos, para recoger en un abrazo de perdón y consuelo las últimas palabras del hombre «al que tanto le debía» y que intentó asesinarla (estas palabras las escuchamos ya sobre fondo negro): «Adiós, amor mío».

En *Laura*, como en la tragedia griega (y se trata de algo característico del cine negro), se examinan los rincones más oscuros de la condición humana. La posesividad y dominación de Waldo hacia Laura desencadenan en él un impulso asesino que acepta llevar a cabo, al modo de Clitemnestra o Medea, finalizando con una némesis fatal que lo alcanza. Un conflicto interno nace en McPherson y lo sitúa, ya lo hemos dicho, en el escenario de una tragedia órfica, cuando tiene que confrontar su mundo interior de fantasía e ilusión (al enamorarse de una mujer muerta) con la abrumadora verdad del caso de asesinato que él mismo investiga, lo que desafía su lucidez y su equilibrio mental. El error al que lo aboca su pasión, como a veces al héroe trágico, lo conducen a un camino sin salida y se ve obligado a enfrentarse con su sentido de la realidad o su propia locura.

La elección para un título únicamente del nombre propio de una mujer, figura central de la historia, remite a ciertas grandes tragedias griegas del s. V a. C., la época de su mayor esplendor. Algunas de esas obras dramáticas conservadas toman el nombre de su protagonista, una mujer de variada fortuna, la heroína trágica: *Antígona* y *Electra* de Sófocles; *Medea, Electra, Andrómaca, Alcestis, Hécuba, Helena* y las dos tragedias sobre Ifigenia (*Ifigenia en Aúlide, Ifigenia en Taúride*), todas estas de Eurípides. Se trata de tragedias donde la mujer representa un modelo heroico proyectado, como en el film *Laura* su protagonista, hacia dentro de su propia persona, palpando su esencia íntima como ser humano; una heroicidad forjada por el valor interno para obrar y no por la acción de la fuerza física.

Desde esos ejemplos de la tragedia ática, muchos films llevan por título el nombre propio de una mujer cuya figura y personalidad han sido capaces de impregnar de sentido toda la obra y, en ocasiones, convertirse en un símbolo arquetípico del «eterno femenino», ya como las heroínas de las tragedias, ya como trasuntos de otras mujeres de los relatos mitológicos (Clitemnestra, Yocasta, Deyanira, Penélope, Eurídice, Psique, Heró, Tisbe, etc.); ya como figuraciones de diosas o divinidades (Hera, Deméter, Perséfone, Atenea, Ártemis, Afrodita, Calipso, Eco, etc.), e incluso adoptando el papel analógico de monstruos teratomorfos femeninos o genios maléficos (la Esfinge, la Quimera, las Grayas, las Gorgonas, la Empusa, las Erinias, las Sirenas, etc.).[47] Porque en el título de un relato comienza su atmósfera y, en este caso, la atmósfera se deriva del femenino singular. Piénsese, por ejemplo, solamente para cierta década de la historia del cine de Hollywood, en films como *Stella Dallas* (King Vidor, 1937), *Jezebel* (William Wyler, 1938), *Ninotchka* (Ernst Lubitsch, 1939), *Rebecca* (Alfred Hithcock, 1940), *Kitty Foyle* (Sam Wood, 1940), *Lydia* (Julien Duvivier, 1941), *Janie* (Michael Curtiz, 1944), *Mildred Pierce* (Michael Curtiz, 1945), *Gilda* (Charles Vidor, 1946), *Daisy Kenyon* (Otto Preminger, 1947).[48]

Laura Hunt es una mujer muy joven, con una belleza física y una elegancia deslumbrantes, pero mesurada en sí misma; con una simpatía y magnetismo en el trato arrolladores, pero de extremada bondad y pureza de corazón. Su modelo de virtud es similar al de la muchacha Alcestis, que sacrifica su vida por otros y, tras su muerte, es rescatada del inframundo por Hércules. En el retrato, que preside el salón sobre el hogar de la chimenea de su apartamento, se reflejan la hermosura de sus ojos claros y la contención que transmite su mirada serena. Laura es «la sencillez hecha mujer... quedará como un modelo de equilibrio y de gracia voluptuosa».[49] Su valor como ser humano vuela mucho más alto que su indiscutible belleza física, al mismo tiempo sinónima de calidez y antónima de malicia.

Recuerdo y evocación se convierten en los elementos constitutivos del inicio de *Laura*, y de parte del primer segmento del film, con esa famosa narración en *over* de una voz masculina que, casi murmurando, recita: «*I shall never forget the weekend Laura died*» («Nunca olvidaré el fin de semana en que Laura murió»). Esas palabras las pronuncia Waldo Lydecker, el «descubridor», «mentor», «protector», pero también asesino, en realidad, de la mujer a la que se refiere. Su voz inicia el relato; su voz, esta vez con el susurro que trae la agonía de la muerte, lo cierra: «Adiós, Laura» ... «Adiós, mi amor». La nodriza de los hijos de Medea evoca, al comienzo de la tragedia de Eurípides, el inicio del viaje de Jasón y los Argonautas, origen del matrimonio roto de Jasón y Medea. En el prólogo de *Las Traquinias* de Sófocles, Deyanira narra la historia de cómo Hércules se enfrentó y venció al dios río Aqueloo, que pretendía a la princesa, convirtiéndose después el héroe en su marido.

Una vez que McPherson, Waldo y Shelby entran en el apartamento de Laura, veremos por fin la imagen de esta en el retrato de su apartamento, pero la «encarnación viva» de la joven tiene lugar dentro del *flashback* que narra Waldo, después de quince minutos de metraje. Este momento de la primera aparición de la protagonista en escena mantiene una proporción casi exacta a la de algunas heroínas trágicas en sus obras correspondientes. Por ejemplo, en *Electra*, Sófocles hace comparecer a la heroína trágica en el verso 251. Esta tragedia tiene un total de 1510 versos. Así pues, la entrada de Electra en escena tiene lugar cumplida la primera parte de seis segmentos de 251/252 versos e iniciando otra parte de la tragedia (el primer estásimo), tras el prólogo y el párodo (primera actuación del coro entrante en el recinto teatral). Este mismo procedimiento de presentación de la heroína trágica lo repite Eurípides (aunque no con tanta exactitud aritmética) en *Medea*, *Alcestis* e incluso en *Hécuba*. Pues bien, si dividimos en seis segmentos el metraje completo de Laura, incluyendo la secuencia ya comentada de la transformación y entrada en sociedad de Laura, obtenemos fragmentos de quince minutos. Laura, sentada de espaldas a la cámara en una mesa con otras tres chicas que cruzan los dedos deseando buena suerte a su amiga, se levanta con su carpeta bajo el brazo y se dirige hacia la mesa de Waldo. Esto sucede entre los minutos quince y dieciséis del metraje.[50]

Al igual que en ciertas tramas de algunas tragedias griegas, en *Laura* se establece lo que, con Brioso Sánchez, se puede denominar un «engaño externo» y otro «interno»,[51] hasta el punto de que tal elemento doble sostiene toda la primera mitad del film (incluso una parte de la segunda) a través del tema del asesinato concretado en el motivo de la muerte aparente, en este caso, de una mujer. Para que este motivo se desarrolle es necesario un cierto grado de engaño que opera en dos sentidos: uno hacia dentro de la propia narración y que puede afectar a los personajes de la historia (en el film, solo Shelby Carpenter sabe que la mujer asesinada no es Laura Hunt, sino Diane Redfern, la modelo de su empresa; todos los demás personajes piensan que es Laura la que ha sido asesinada); otro hacia fuera, que afecta al propio espectador. Siendo la muerte, en sus distintas variantes (suicidios, accidentes, homicidios o sacrificios rituales, incluso apariciones de fantasmas o espectros), un tema habitual en la tragedia griega, los autores antiguos se abstuvieron de poner en escena las muertes o asesinatos, que no sucedían a la vista del público, sino tras el edificio teatral. Se escuchaban, eso sí, los gritos, los golpes, el tumulto del suceso violento. Así, la muerte falsa de Laura comparece en la trama como un suceso extra-fílmico. De modo diferente se representa en el *remake* televisivo de 1955 (dirigido por John Brahm), donde en su primera secuencia se nos muestra a una mujer abriendo la puerta de su vivienda y recibiendo un disparo en la cara a bocajarro.

En el film de Otto Preminger la construcción del argumento se ha llevado a cabo de modo que la muerte de la protagonista se establece como interna y, al mismo tiempo, externa (la información dada es el asesinato de Laura, que se presenta como un hecho consumado). Este engaño se deshace para el espectador con la aparición de Laura y el subsiguiente descubrimiento de que el asesino debió equivocarse y disparó sobre Diane Redfern, pues la ropa de la modelo se encuentra dentro del armario de Laura. Ambas mujeres eran parecidas y de la misma talla y altura. Agotado entonces en mitad del film el recurso del «engaño externo», McPherson mantiene el «engaño interno» de la muerte

168

de Laura como forma motivada de un plan policial para descubrir al homicida. El policía va revelando, según sus particulares métodos, a la Laura viva ante sus conocidos (su tía Anne, su sirvienta Bessie y, por último, Waldo). La muerte aparente de Laura viene acompañada, como a veces lo hace este motivo en la tragedia griega, de una suplantación (pero involuntaria; en este caso la de Diane Redfern) y un error del asesino, todo ello dentro de una trama mucho más amplia que, ya en la segunda parte del film, le permite a McPherson contrastar las reacciones de las personas allegadas a Laura y redirigir la búsqueda del asesino.

VI. Apuntes breves de «filmografía comparativa»

Dentro del análisis del cine o del análisis del film, que constituyen el objeto de estudio del presente trabajo, proponemos ahora una aproximación metodológica al modo que existe en los estudios literarios desde hace ya mucho tiempo. Los más de cien años de arte cinematográfico nos ofrecen la perspectiva suficiente para tratar las producciones fílmicas mediante el instrumento de la comparación. Se podrá objetar que la práctica de una metodología tal no constituye en sí misma novedad alguna y, siendo esto cierto, la diferencia del acercamiento que postulamos radica en las bases de un ejercicio sistemático, riguroso, profundo, alejado de aplicaciones intuitivas y establecido con fundamentos epistemológicos concretos.

Hemos afirmado cómo una atmósfera gótica y de terror se adueña en diversos momentos de planos y escenas de *Laura*. Citábamos a Poe y será pertinente volver a hacerlo en correspondencia con el tema que domina la narración del film a lo largo de toda su primera parte:

De todos los temas melancólicos, «¿cuál lo es más por consenso *universal*?» La respuesta obvia era: la muerte. «¿Y cuándo —me pregunté— este tema, el más melancólico, es el más poético?» Después de lo que ya he explicado con algún detalle, la respuesta era igualmente obvia: «Cuando está más estrechamente aliado a la *Belleza»;* la muerte, pues, de una hermosa mujer es incuestionablemente el tema más poético del mundo; e igualmente está fuera de toda duda que los labios más adecuados para expresar ese tema son los del amante que ha perdido a su amada.[52]

Así pues, nos situamos ahora en el estudio de la tematología y la narratología. Su concreción en *Laura* encaja con ese motivo poético-melancólico de «la muerte de una mujer hermosa». Además, este se completa con una perspectiva trágica, pues la muerte de la mujer es producto de un asesinato horrible y la víctima, para mayor piedad y compasión del espectador, resulta ser una persona modelo de benevolencia y virtud. Además, en el film que nos ocupa, es Waldo, el enamorado de Laura, quien relata la historia de la joven. Y es aquí donde confluye lo trágico por partida doble en sendos personajes: en Waldo, lo real de un amor no correspondido por la mujer que ama; en McPherson, lo imaginario del amor por una mujer muerta a la que ni siquiera ha conocido.

La exploración cinematográfica del motivo poético-melancólico de una hermosa mujer muerta nos lleva, en primer lugar, a *Rebeca* de Alfred Hitchcock. En este film, Rebeca (personaje sin presencia física), esposa de Maximilian de Winter, sufre un accidente marino letal al hundirse el balandro en el que había salido a navegar. Modelo de virtud y de belleza, amantísima esposa, querida y respetada socialmente, todos lamentan su muerte, algunos hasta el abatimiento o casi la locura, en especial Maximilian, del que llegamos a saber por boca de terceros que nunca se ha podido recuperar de tal pérdida, y la Sra. Danvers, el ama de llaves de la mansión de los señores de Winter, que, como Bessie en *Laura* aunque quizás de manera menos «pura», adoraba a su señora. Un triple giro argumental consecutivo hará emerger la verdad de la naturaleza de Rebeca y de su muerte, reflejada en las reveladoras palabras de Maximiliam que llegan en el último cuarto del film: el amante esposo odiaba a su esposa (primer giro), una mujer insensible al amor, indecente y adúltera, pura fachada física en realidad (segundo giro) que no murió en un accidente marino como se ha creído hasta ese momento sino de otra forma en la que ha intervenido el esposo (tercer giro). El cadáver de Rebeca, que se creía haber rescatado tiempo atrás flotando en el mar en avanzado estado de descomposición, es hallado por azar dentro del balandro hundido. Laura, cuyo cuerpo es encontrado con la cabeza destrozada por disparos a bocajarro, aparece físicamente en mitad del film, viva, sana y salva, vistiendo, curiosamente, una gabardina y un gorro marineros. Rebeca, cadáver descompuesto de una mujer perversa; Laura, cuerpo vivo y hermoso de una mujer virtuosa.

Un precedente directo de *Laura*, podemos encontrarlo en el film *¿Quién mató a Vicky?* (*Hot Spot*, H. Bruce Humberstone, 1941)[53]. En este, una joven camarera es ele-

175

vada al estrellato a manos de un descubridor de talentos que actúa con ella a modo de otro moderno Pigmalión, como Waldo con Laura. La chica, ya famosa y con éxito, es asesinada y el detective que investiga el caso inculpa a su descubridor a sabiendas de que es inocente. Finalmente, además de conocer al verdadero culpable, sabremos que el detective, enamorado de la muchacha y con aspiraciones de casarse con ella, ha acusado en falso a un hombre al que considera responsable de haber alejado de él a una mujer de su misma clase social al encumbrarla hasta el éxito. El policía de esta historia (que abraza la corrupción de su ejercicio profesional por amor, al contrario que McPherson en *Laura*) mantenía en alquiler un apartamento convertido en un «templo» de su amada mujer-diosa, con un gran retrato de ella que preside la vivienda, suicidándose él mismo con un veneno ante una fotografía de la joven. Este film conoce un *remake* titulado *Vicki* (Harry Horner, 1953).

Trazadas ya algunas coincidencias o divergencias temáticas y narrativas con *Vértigo* y *Psicosis* de Hitchcock, se hace inevitable la coincidencia tópica del nombre de la mujer muerta del film de Preminger con la de la serie televisiva *Twin Peaks* (David Lynch y otros, 1990-91). Una muchacha de un pequeño pueblo llamada Laura Palmer aparece asesinada junto a un río. La investigación de su caso al cargo de un agente del F.B.I. se convierte en un auténtico laberinto donde se van revelando muchos secretos ocultos del lugar y de sus habitantes. Del mismo modo, el laberinto de las relaciones humanas de tres hombres en su madurez, amigos desde la infancia que han seguido caminos en la vida muy distintos, queda enlazado en *Mystic River* (Clint Eastwood, 2003) a través del asesinato brutal de la hija joven —como la Laura

Palmer de *Twin Peaks*— de uno de ellos, una chica hermosa, alegre y llena de vida.

En *El secreto de sus ojos* (Juan José Campanella, 2009), una mujer casada, joven y bella, es hallada muerta en su domicilio, violada y asesinada horriblemente. El caso nunca se resuelve y, veinticinco años después, Benjamín, el funcionario de la fiscalía que documentó el crimen —y lo investigó por cuenta propia con riesgo de su vida—, sigue obsesionado con el asesinato de Liliana (nótese la aliteración de los nombres propios Laura-Liliana). Atrapado en aquellas trágicas vivencias que le persiguen incluso tras su jubilación, Benjamín se propone escribir una novela inspirada en el suceso. Las fotografías de Liliana a las que este tiene acceso funcionan, como el retrato de Laura, al modo de una llamada motivadora desde el más allá a los investigadores para encontrar al asesino.

No menos influyente ni característico en la narrativa fílmica ha sido el motivo del retrato pictórico de una mujer. Piénsese en la influencia de Poe en el mundo anglosajón a través de cuentos como «El retrato oval». Se ha hablado ya en otros estudios acerca del retrato pictórico femenino como objeto narrativo[54] tomando como ejemplos *La mujer del cuadro* (*The Woman in the Window*, Fritz Lang, 1944), *Perversidad* (*Scarlet Street*, Fritz Lang, 1945), *Jennie* (*Portrait of Jennie*, William Dieterle, 1948), *Pandora y el holandés errante* (*Pandora and the Flying Dutchman*, Albert Lewin, 1951) o *Vértigo*. Por tanto, nos centraremos aquí en otros films menos conocidos pero también reveladores, donde el retrato femenino desempeña un papel importante de la trama.

Claudio de la Torre, escritor, dramaturgo y cineasta español, hizo uso de este motivo en una secuencia del melodrama *Misterio en las marismas* (1943), donde el enigmático retrato de una hermosa mujer, también ovalado, que se conserva en una sala clausurada de una mansión en Doñana, guarda la memoria de una violenta tragedia familiar: ella, desaparecida sin dejar rastro, probablemente raptada por una banda de forajidos; su prometido, encontrado muerto con señales inequívocas de lucha, por seguro defendiendo a su amada, en las dunas de los alrededores. Cien años después, la llegada al lugar de Vera, una joven condesa polaca, propicia el amor entre esta y José Luis, biznieto del hombre asesinado. Durante el idilio entre Vera y José Luis, salpicado de extrañas sensaciones, presentimientos, alucinaciones e incluso apariciones fantasmales, se desvelará un antiguo misterio, pues la mujer del cuadro sobrevivió y terminó sus días establecida en Varsovia. La bella condesa Vera resulta ser su biznieta. Ambos jóvenes, casi idénticos a sus malhadados bisabuelos, reviven el amor de sus antepasados, pero esta vez con final feliz.

No debe extrañarnos que la forma del retrato femenino de *Misterio en las maris-*

mas sea ovalada. La influencia de Poe es con frecuencia palpable, véanse los retratos de la jovencita Jennie en la película homónima o el de Clare Hingston en *Portrait of Clare* (Lance Comfort, 1950). Como también dicha influencia se manifiesta en *El proceso Paradine* (*The Paradine Case*, Alfred Hitchcock, 1947). Mientras que se cita el retrato femenino de la joven Francesca (interpretada por Ann Todd) en *El séptimo velo* (*The Seventh Veil*, Compton Bennett, 1945), nadie parece haberse dado cuenta de que en la vivienda de los señores Keane de *El proceso Paradine*, un retrato de Gay Keane (también interpretada por Ann Todd) preside el salón principal sobre la chimenea, como en *Laura*, y de que la postura de la representada es exactamente la misma que la de Laura Hunt en su retrato, salvo por la posición de la mano derecha y el ambiente del fondo de la obra, como también lo es la composición iconográfica en forma triangular. En este film el famoso abogado Anthony Keane defiende a la señora Paradine y se enamora de ella en su ejercicio profesional, al igual que el detective McPherson de Laura. Pero lo que nos interesa de *El proceso Paradine* es, en correspondencia con *Laura,* contrastar una escena, recurrente en la obra de Hitchcock: la «intrusión en la alcoba».[55] Tony Keane, el abogado, visita la mansión Paradine y entra en el dormitorio de su defendida (como lo hace McPherson en el de Laura), fijándose en sus pertenencias, especialmente en su retrato ovalado del centro del cabecero de su cama, que muestra el rostro de una mujer bellísima de mirada seductora, con una ligera sonrisa de orgullo y satisfacción, toda ella envuelta en un oscuro magnetismo sexual. ¿Acaso no fija su vista el abogado en la ropa interior y los camisones de finas telas y encajes colocados sobre la cama de su clienta?

Por último, acerca del motivo del retrato pictórico femenino, nos referiremos a *Más allá del olvido* (Hugo del Carril, 1956), donde, al igual que en *Laura*, el retrato de mujer resulta fundamental para entender esta historia, un trasunto de la hibridación de los mitos de Orfeo y Eurídice y de Pigmalión y Galatea (mitos que hemos analizado en *Laura* y que también constituirán después el núcleo temático de *Vértigo*). Este film argentino coincide con el de Preminger en iniciarse y terminar con la imagen del retrato de Blanca de Arellano, amada y feliz esposa de Fernando de Arellano, que muere muy joven de una enfermedad incurable dejando a su marido absolutamente desolado. El hombre, confinado por propia voluntad en la mansión, se refugia en el alcohol y pasa muchas horas sentado en un sillón frente al retrato de su amada (en esto nos recuerda mucho a McPherson) o tocando al piano una melodía musical que era la favorita de Blanca (una pieza que se repite durante todo el film, como una obsesión, como el tema principal de

Laura). Muy maltrecho de salud, Fernando viaja a Europa por consejo médico. En París, el infortunado hombre conocerá a Mónica, una artista de ambientes bajos, idéntica a su amada muerta. Fernando se casa con ella y regresa a su mansión, pero allí, el recuerdo de Blanca le impide amar a su nueva esposa, que se siente encerrada y desplazada bajo la sombra de la mujer fallecida (huelga decir que, como dos años después hará Hitchcock en *Vértigo*, los personajes de Blanca de Arellano y de Mónica están interpretados por la misma actriz, casualmente con el mismo nombre que la protagonista del film de Preminger: Laura Hidalgo). Mónica es asesinada a traición por su antiguo proxeneta dentro de la casa y muere en brazos de Fernando, en el momento en que por fin este le confiesa su amor, frente al retrato de Blanca, ubicado, como hemos visto en otros casos, sobre la chimenea del salón de la casa, presidiendo la estancia.[56]

Cuando se trata de comparar personajes, dentro del tipismo de un mismo género como el *film noir*, Laura Hunt se dibuja como una mujer totalmente distinta a esa figura absoluta de los films de este género. Nos referimos, como no puede ser de otro modo, a la *vamp*, la *femme fatale*, la mujer-sirena[57] que atrae a la desventura más absoluta al hombre que se cruza en su camino y se deja llevar por el «canto dulce como la miel»[58] de los labios de esas mujeres-sirenas que «a todos los hombres hechizan».[59]

Pero la moderna mujer-sirena de la literatura y del cine, la terrible mujer manipuladora, ya no tiene alas ni patas de pájaro, ni cola de pez, pese a que muchas de esas mujeres sean representadas con largos vestidos desde el cuello o busto hasta los tobillos, tan ceñidos a sus sinuosas figuras que se asemejan al cuerpo y a la cola de un pez. Existe un conjunto muy variado de personajes femeninos del cine que responden a tal imagen.

Se trata, en definitiva, de la evocación de la mujer como «ese oscuro objeto del deseo» para el hombre, cuyas mejores representantes podrían ser Phyllis Dietrichson (Barbara Stanwyck) en *Perdición* (*Double Indemnity*, Billy Wilder, 1944), Alice Reed (Joan Bennet) en *La mujer del cuadro*, «Kitty» March (también Joan Bennet) en *Perversidad* (*Scarlet Street*, Fritz Lang, 1945), Cora Smith (Lana Turner) en *El cartero siempre llama dos veces* (*The Postman Always Rings Twice*, Tay Garnett, 1946), Gilda (Rita Hayworth) en el film homónimo, Elsa Bannister (también Rita Hayworth) en *La dama de Shanghai* (*The Lady from Shanghai*, Orson Welles, 1947), Coral Chandler (Lizabeth Scott) en *Callejón sin salida* (*Dead Reckoning*, John Cromwell, 1947), Anna (Yvonne de Carlo) en *El abrazo de la muerte* (*Criss Cross*, Robert Siodmak, 1949), Annie Laurie Starr (Peggy Cummins) en *El demonio de las armas* (*Deadly is the Woman*, Joseph H. Lewis,

186

1950), etc. Personajes femeninos que desde su apariencia hermosísima destilan exageradamente lujuria, descaro, malicia, crueldad, y depravación. Ante estas mujeres-sirenas, mujeres-lamias o mujeres-empusas, el hombre queda miniaturizado y manejado sin piedad como un pelele.[60]

¡Qué distinta la actitud, los gestos, los movimientos, las miradas de estas mujeres frente a la serena contemplación de Laura! ¡Qué diferente la forma insinuante de fumar cargada de pornografía soterrada de estas perversas hechiceras frente al misticismo del humo que sale de la boca de la mujer virtuosa, mientras escucha con atención los artículos que Waldo Lydecker le lee o las desventuras de la vida de Shelby Carpenter! ¡Cómo contrasta la bruja vestida de oscuro con la diosa virgen redentora, blanca (como hemos visto más arriba), pura, divinidad de la luz frente a Nyx, la negra noche de Hesíodo, de donde nacen una caterva de horribles criaturas! La mujer araña intenta atrapar a sus presas tejiendo una tela con sus patas peludas, aquí transformadas en las tersas y largas piernas de la *femme fatale* que exhibe sin pudor frente a los hombres, mostrando una cadena en su tobillo (en *Perdición*), haciendo que un hombre recoja una barra de labios del suelo (en *El cartero siempre llama dos veces*), obligando a otro a que le pinte las uñas de los pies (*Perversidad*) o, sencillamente, tumbándose al sol en traje de baño (*La dama de Shanghai*).

Bella, sensual, pero no sexual, Laura exhibe en su retrato y en sus vestidos de noche sus brazos desnudos; esos brazos que, como la diosa Kuan-Yin, ofrece serena y compasiva. ¿Acaso no quiso Preminger que su obra terminara con Laura apiadándose del hombre que intentó asesinarla, llorando la muerte de este?

Notas

1 TRÍAS, E., «El abismo que sube y se desborda» en *Lo bello y lo siniestro*, Penguin Random House, Barcelona, 2021 (séptima reimpresión).

2 *Ibid*, p. 97.

3 BORGES, J. L., «Los cuatro ciclos», en *El oro de los tigres*, y este, a su vez, en *Prosa Completa* 4, Editorial Bruguera, Barcelona, 1985, pp. 91-92.

4 Por analogía con la «psicocrítica», la mitocrítica de Gilbert Durand surge a partir de 1970 como un sistema de análisis literario y artístico cuyo principio fundamental es descubrir, explicar e interpretar el relato mítico, matricial, inherente a toda narración.

5 PEÑUELAS, M. C., *Mito, literatura y realidad*, Editorial Gredos, Madrid, 1965, p. 17.

6 CIFUENTES, D.: «Blade Runner o la lucha de Teseo contra el Minotauro». *Pensamiento*, vol. 54, nº. 210, septiembre-diciembre de 1998, pp. 449-456. Obtenido digitalmente el 1 de diciembre de 2008: http://www.lacavernadeplaton.com/articulosbis/bladerun1.htm

7 *Vid.*, para el caso del cine de Alfred Hitchcock, acerca de una «clave Hermes», nuestro estudio «La mitología clásica en *Psicosis*. Una aproximación mitocrítica», en VVAA, *Psicosis, de Alfred Hitchcock: visiones y versiones*, Editorial Pandorado, Valladolid, 2023, pp. 11-144.

8 DIEZ DEL CORRAL, L., *La función del mito clásico en la literatura contemporánea*, Editorial Gredos, Madrid, 1957, p. 27.

9 *Cf.* STOICHITA, V. I., *Simulacros. El efecto Pigmalión: de Ovidio a Hitchcock,* Editorial Siruela, Madrid, 2006.

10 *Cf.* el extenso y sugestivo trabajo «De Pigmalión a Lolita» de Emilio González Déniz,

en Monteanu, D. (Coord.), *Imágenes y ficción. Ideaciones clave en la cultura occidental (Segundo ciclo)*, Viceconsejería de Educación, Cultura y Deportes del Gobierno de Canarias, Las Palmas de Gran Canaria, 2001, pp. 41-67

11 *Metamorfosis* (X, 243-297).

12 STOICHITA, o*p. cit.*, p. 257.

13 Ovidio no da nombre a la estatua de Pigmalión convertida en mujer por Venus. El nombre de Galatea lo usa por primera vez Jean Jacques Rousseau en su comedia musical *Pigmalión, scène lyrique* (1762). *Cf.* Cristóbal, V., «Pigmalión y la estatua: muestras de un tema ovidiano en la literatura española», *Cuadernos de Filología Clásica. Estudios latinos* 23 (2003), nº. 1, pp. 63-87, esp. p. 81.

14 CABRERA INFANTE, G., «El bacilo de Hitchcock» en *Arcadia todas las noches*, Alfaguara, Madrid, 1995, p. 105

15 Se trata de los films *Vorágine* (*Whirpoll*, 1950), *Al borde del peligro* (*Where the Si-*

dewalk Ens, 1950) y, en un papel secundario, *Tempestad sobre Washintong* (*Advise & Consent*, 1962).

16 Al igual que para el mito de Pigmalión, la versión más detallada de la fábula mítica de Apolo y Dafne es la de Ovidio en sus *Metamorfosis* (I, 452-489).

17 DURAND, G., *Champs de l'imaginaire*, Ellug-Université Stendhal, Grenoble, 1996, p. 239.

18 *Vid.* nuestro *Cine y Tradición Clásica grecolatina*, Ediciones Clásicas, Madrid (en prensa).

19 TOVAR PAZ, F. J., «Variaciones sobre Eurídice», en *Un río de fuego y agua. Lecciones sobre mitología y cine*, Universidad de Extremadura, Cáceres, 2006.

20 DURAND, G., *Las estructuras antropológicas de lo imaginario. Introducción a la arquetipología general*, Editorial Taurus, Madrid, 1981, p. 89.

21 *Cf.* DONIS, D. A., *La sintaxis de la imagen. Introducción al alfabeto visual*, Editorial Gustavo Gili, Barcelona, 1990 (novena edición).

22 En el apartamento de Laura, frente a la mesa del despacho, también podemos contemplar el retrato de una mujer madura, similar iconográficamente a la del apartamento de Waldo.

23 CIRLOT, J. A., *Diccionario de símbolos*, Editorial Labor, Barcelona, 1992 (novena edición), p. 299.

24 Ibn Hazm de Córdoba, *El collar de la paloma. Tratado sobre el amor y los amantes* (versión de Emilio García Gómez), Editorial Alianza, Madrid, 1997 (decimotercera reimpresión), p. 110.

25 SIMSOLO, N., *El cine negro. Pesadillas verdaderas y falsas*, Alianza Editorial, Madrid, 2007, p. 261

26 PHILLIPS, G. D., *Out of the Shadows. Expanding the Canon of Classic Film Noir*, The Scarecrow Press Inc., Lanham, 2012, p. 154.

27 *Op. cit.*, p. 296.

28 Nos referimos al metraje de las nuevas ediciones en DVD o Blu-Ray a partir de 2012 que añaden la escena no incluida en las ediciones anteriores y que hemos analizado en nuestro apartado I.1.

29 DURAND, G., (1981), *op. cit.*, pp. 183-356.

30 *Ibid*, p. 94.

31 McNAMARA, E., *Laura as Novel, Film and Myth*. Edwin Hellen Press, Nueva York, 1992, pp. 5 y 23.

32 Serna Mené (SERNA, D., *Laura*, Nau Llibres-Ediciones Octaedro, Valencia, 2000, p. 53) considera esta secuencia «...como una escena de amor, aunque no una cualquiera, sino la escena de amor de la película».

33 GUILLÉN, C., *Entre lo uno y lo diverso. Introducción a la literatura comparada. (Ayer*

y hoy), Tusquets Editores, Barcelona, 2005, p. 268.

34 La palabra griega *eídolon* designa una imagen sin entidad física. Se relaciona con un cadáver, con el recuerdo de una persona por otra, con un fantasma o con el producto de una fantasía o de la imaginación humana (*Cf. Diccionario Griego-Español* en línea, C.S.I.C, Madrid). Cualquiera de estos sentidos de la palabra griega le cuadra bastante bien al personaje de Laura hasta el momento de su aparición.

35 *Entre lo uno y lo diverso, op. cit.*, p. 269.

36 *El collar de la paloma*, op. *cit.*, p. 121.

37 «*Laura* es una película marcada por el Tiempo; por un reloj y el Tiempo. El reloj es, a la vez, motor y símbolo de la trama, devenir y sustancia de la Obra, afirma Raúl Urbina en «El universalismo antropológico imaginario en el relato cinematográfico: *Laura* de Otto Preminger», en *Thémata. Revista de Filoso-*

fía, Universidad de Sevilla, nº. 27, 2001, pp. 349-356.

38 Ejemplo citado por Guillén, C, *op. cit.*, pp. 269-270.

39.- Editorial Seix Barral, Barcelona, 1962, p. 20

40.- *Cf.*, entre otros, LESKY, A.: *La tragedia griega*, Editorial Labor, 1966; DIAZ, A., *Ayer y hoy de la tragedia griega*, Ediciones Alfar, Sevilla, 1988; DE ROMILLY, J., *La tragedia griega*, Ed. Gredos, Madrid, 2011.

41.- En la versión de Eurípides, la doncella Ifigenia, hija de los reyes Agamenón y Clitemnestra, es arrebatada del altar donde iba a ser sacrificada por su padre y transportada mágicamente a Taúride por la diosa Ártemis, donde, sana y salva, se consagra como sacerdotisa de la diosa redentora.

42.- EL KHOURY, T., *Aliénation et detérminisme dans le film noir classique (1944-1949)*, L'Harmattan, París, 2020.

43.- FRANK, N., «Un noveau genre 'policier': l'aventure criminelle», *L'Ecrain français*, nº. 61, agosto de 1946 (fuente citada por muchos autores y obtenida digitalmente el 20 de enero de 2024: https://moncinemaamoi.blog/2016/08/28/laventure-criminelle-par-nino-frank/)

44.- *Poética*, 1149b.

45.- *El cine negro, op. cit.*, p. 23

46.- Cf. MONDELO, E. y SÁNCHEZ, P., «Laura (Otto Preminger, 1944). El noir y la mirada fascinada», *L'Atalante*, 27, enero-junio 2019, p.p. 78-79: «Lejos de ser una persona indeseable [Laura] se nos presenta como un ser encantador, dotada de todas las virtudes y belleza... lo que nos predispone, precisamente, a la compasión...».

47.- *Cf.* ARIAS, A., *Diosas, santas y malditas. Arquetipos del eterno femenino en la cultura*, Editorial Almuzara, Córdoba, 2018, y *Mitos de la transgresión femenina*, Editorial Berenice, Córdoba, 2020; BOU, N., *Diosas y tumbas. Mitos femeninos en el cine de Hollywood*, Icaria Editorial, Barcelona, 2006.

48.- Títulos originales en inglés. En algunos de estos films el título ha sido modificado en español y no se conserva el nombre femenino.

49.- BORDE, R.-CHAUMETON, E., *Panorama del cine negro*, Ediciones Losange, Buenos Aires, 1958, p. 48.

50.- *Cf.* SANTAMARINA, A., *El cine negro en 100 películas*, Editorial Alianza, Madrid, 1999, p. 92. El autor considera que el film puede estructurarse en dos partes casi simétricas de seis bloques separados por fundidos en negro. Hay dos excelentes estudios estructurales del film en SERNA, D. (*op. cit.*) y SANTAMARINA, A., *Laura*, Ediciones Paidós, Barcelona, 2001.

51.- Para mayores detalles sobre la tragedia griega, remitimos a BRIOSO, M., «El motivo de la muerte aparente en la tragedia griega», en CORREA, J. A. y RUIZ, E., *Estudios Filológicos en homenaje a Mercedes*

Vílchez, Libros Pórtico, Madrid, 2006, pp. 25-32.

52.- POE, E. A., *Ensayos y críticas*, Alianza Editorial, Madrid, 1973, pp. 71-72.

53.- *Hot Spot* es el título original de este film, conocido después como *I Wake Up Screaming*, título de la novela de Steve Fisher de la que es adaptación al cine.

54.- *Cf.* SÁNCHEZ, A., «Retratos de cine», en ÁLVARO, M. I. y PANO, J. L. (eds.), *Estudios de historia del arte: libro homenaje a Gonzalo M. Borrás Gualís*, Institución Fernando el Católico, Zaragoza, 2013, pp. 629-637.

55.- Así hemos denominado dicha escena en nuestro «La mitología clásica en *Psicosis*. Una aproximación mitocrítica», *op. cit.*, p. 129.

56.- El catálogo de films con retrato femenino supera en cantidad el objeto de estos breves apuntes comparativos. Con todo, no quisiéramos dejar de reseñar brevemente de entre los films menos conocidos y comentados *Pasos en la niebla* (*Footsteps in the Fog*, Arthur Lubin, 1955), donde se cumple no solo el motivo de la muerte de una mujer, la Sra. de Lowry, envenenada por su esposo, sino que también surgen en su desarrollo muchos tópicos narrativos e iconográficos que han sido comentados aquí: el retrato de la mujer sobre la chimenea preside el salón de la casa victoriana y es objeto de varios planos inquietantes, el Sr. Lowry bebe, toma el té y recibe visitas frente al cuadro, varias escenas de importancia suceden ante el retrato (aunque este se encuentre fuera de cuadro) y, por último, el marido asesino muere envenenado en su sillón delante del retrato de su esposa asesinada.

57.- Sobre la identificación de la mujer-sirena y la *femme fatale* en el cine, *cf.*: MIA HALL, M., «The Siren», en JOSHI, S. T. (ed.), *Icons of Horror and the Supernatural*, Westport, 2007, pp. 507-536. Hay una referencia especial para el personaje de Rebeca del film de

Alfred Hitchcock junto con otros personajes de mujeres-sirenas en películas como *El diablo es una mujer* (*The Devil is a Woman*, Josef von Sternberg, 1935), *Perdición* (*Double Indemnity*, Billy Wilder, 1944), *Lolita* (Stanley Kubrick, 1962), *Atracción fatal* (*Fatal Attraction*, Adrian Lyne, 1987), *Instinto básico* (*Basic Instinct*, Paul Verhoeven, 1991), etc. Existen otras películas de esta misma especie que usan la palabra «sirena» en su propio título, como *La sirena negra* (Carlos Serrano de Osma, 1947), *La sirena del Misisipi* (*La Sirene du Mississippi*, François Truffaut, 1969) o el cortometraje *Siren* (Andrew Mandapat, 2005).

58.- Así es como Homero se refiere a la llamada de las sirenas a los marineros para devorarlos (*Odisea*, XII, 187).

59.- *Odisea*, XII, 39-40.

60.- *La mujer y el pelele* (*La Femme et le Pantin*, 1898) es el título de una novela de Pierre Louÿs, adaptada al cine en cuatro

201

ocasiones: *La mujer y el pelele* (*La Femme et le Pantin*, Jacques de Baroncelli, 1929) con guion del propio Pierre Louÿs, *El diablo es una mujer* (*The Devil is a Woman*, Josef von Sternberg, 1935), *La mujer y el pelele* (*La femme et le Pantin*, Julien Duvivier, 1968) y *Ese oscuro objeto del deseo* (*Cet obscur object du désir*, Luis Buñuel, 1977). En 1990, Mario Camus dirige el telefilm *La mujer y el pelele*, basado en la misma novela.

BIBLIOGRAFÍA

BALAGUÉ, C., «Laura, de Otto Preminger» en *Dirigido por*, nº. 103, abril de 1983.

BALLÓ, J.-PÉREZ, X., *La semilla inmortal. Los argumentos universales en el cine*, Anagrama, Barcelona, 2018 (novena edición).

BORDE, R.-CHAUMETON, E., *Panorama del cine negro*, Ediciones Losange, Buenos Aires, 1958.

CAMERON, I., *The Movie Book of Film Noir*, Studio Vista, Londres, 1992.

COMA, J. y LATORRE, J. M., *Luces y sombras del cine negro*. Publicaciones Fabregat, Barcelona, 1987 (2ª. edición).

COMA, J., *Diccionario del cine negro*, Ediciones Martínez Roca, Barcelona, 1988.

CROWTHER, B., *Film Noir. Reflections in a Dark Mirrow*, Virgin Books, Londres, 1988.

DURAND, G., *Las estructuras antropológicas de lo imaginario. Introducción a la arquetipología general*, Editorial Taurus, Madrid, 1981.

De la mitocrítica al mitoanálisis. Figuras míticas y aspectos de la obra, Anthropos Editorial, Barcelona, 2013.

GUERIF, F., *El cine negro americano*, Ediciones Martínez Roca, Barcelona, 1988.

HEREDERO, C. F. y SANTAMARINA, A., *El cine negro. Maduración y crisis de la escritura clásica*, Paidós, Barcelona, 1996.

KAPLAN, E. A. (ed.) *Women in Film Noir*, British Film Institute, Londres, 1978.

MCNAMARA, E., *Laura as Novel, Film and Myth*. Edwin Hellen Press, Nueva York, 1992.

LOSADA, J. M. (ed.), *Nuevas formas del mito. Una metodología interdisciplinar*, Logos Verlag Berlin, Berlín, 2015.

LOSADA, J.M., *Mitocrítica cultural. Una definición del mito*, Ediciones Akal, Madrid, 2022.

PALAO, J. A., «El amor y la palabra: Laura», en *Archivos de la Filmoteca*, nº. 17, Valencia, junio de 1994, p. 83.

PHILLIPS, G. D., *Out of the Shadows. Expanding the Canon of Classic Film Noir*, The Scarecrow Press Inc., Lanham, 2012.

PRATLEY, G., *The Cinema of Otto Preminger*, A. Zwemmer-A. S. Barnes & Co, Londres-Nueva York, 1971.

RODRÍGUEZ, R. L., «La mitología clásica en Psicosis. Una aproximación mitocrítica», en VVAA., *Psicosis, de Alfred Hitchcock: visiones y versiones*. Editorial Pandorado, Valladolid, 2023.

SANTAMARINA, A., *Laura*, Ediciones Paidós, Barcelona, 2001.

SELBY, S., *Dark City. The Film Noir*, McFarland & Company, Jefferson, 1984.

SERNA, D., *Laura*, Nau Llibres-Ediciones Octaedro, Valencia, 2000.

SIMSOLO, N., *El cine negro. Pesadillas verdaderas y falsas*. Alianza Editorial, Madrid, 2007.

STOICHITA, V. I., *Simulacros. El efecto Pigmalión: de Ovidio a Hitchcock*. Ediciones Siruela, Madrid, 2006.

TELOTE, J. P., *Voices in the Dark. The Narrative Patterns in Film Noir*, University of Illinois, 1989.

VVAA., *Anatomía del cine negro*, Cult Books, Málaga, 2021.

AGRADECIMIENTOS

A Nacho Cagiga, por confiar en mí sin conocerme e incluirme dentro de este apasionante proyecto editorial.

A Luis Martín Arias, filmólogo, maestro y amigo, al que tanto debe mi visión del análisis fílmico y que con tanta generosidad ha compartido conmigo su sabiduría sobre el cine.

A Leandro Pinto, escritor y maestro de las letras, erudito de la literatura y el cine, amigo que me ha ayudado con su magisterio a mejorar mi torpe literatura.

A Elizabeth Hernández, por su inestimable y permanente ayuda con los fondos bibliográficos. Y por inspirar desde su *Ellas y yo. Identidades de papel* (Mercurio Editorial, Madrid, 2018), muchas líneas, muchas ideas y la visión de «todas las mujeres de nuestras vidas» (incluida Laura Hunt).

A Rubén Benítez, «El Ferroviario», amigo, compañero sin desmayo de «aventuras fílmicas», sin cuya ayuda constante no hubiera sido posible este proyecto... ni otros.

A Isabel y Sara, por supuesto.